崔子修◎著

网络空间的哲学维度

——从技术、利益到伦理

中国财富出版社

图书在版编目（CIP）数据

网络空间的哲学维度：从技术、利益到伦理/崔子修著．—北京：中国财富出版社，2018.5

ISBN 978-7-5047-6652-6

Ⅰ.①网⋯ Ⅱ.①崔⋯ Ⅲ.①哲学-研究 Ⅳ.①B

中国版本图书馆CIP数据核字（2018）第115376号

策划编辑 宋 宇 **责任编辑** 齐惠民 郭逸亭
责任印制 梁 凡 **责任校对** 孙会香 张营营 **责任发行** 张红燕

出版发行 中国财富出版社
社 址 北京市丰台区南四环西路188号5区20楼 **邮政编码** 100070
电 话 010-52227588转2048/2028（发行部） 010-52227588转321（总编室）
010-52227588转100（读者服务部） 010-52227588转305（质检部）
网 址 http://www.cfpress.com.cn
经 销 新华书店
印 刷 北京九州迅驰传媒文化有限公司
书 号 ISBN 978-7-5047-6652-6/B·0546
开 本 710mm×1000mm 1/16 **版 次** 2018年12月第1版
印 张 13 **印 次** 2018年12月第1次印刷
字 数 200千字 **定 价** 48.00元

内容提要

网络的出现极大地拓展了人类的生存环境，延伸了人类的视野。由计算机及网络组成的这个新世界，对人类的物质实践和认知思维产生了前所未有的冲击和影响。从哲学的范畴应该如何审视这个崭新世界对自身的冲击呢？如何在有限的“问题域”中尽可能地实现对网络的更深、更广的理解呢？

网络给我们带来了全新的工具、全新的技术以及全新的视野，这就要求产生一种新的网络哲学与之相对应。这种哲学应能够实现对网络多维视野的理论审视和考量，但是这种思考对象的新颖性使得任何与之相关的结论都是未定型的，大而全的泛泛之谈反而不利于抓住网络空间的一些本质的东西，所以选取几个有限的维度对此加以深入地分析倒是一个可取的做法。

对网络进行多维审视的前提是维度的选择，本文的维度选择有三：技术、利益、伦理，即从网络空间的技术属性层面转到网络利益层面加以理论分析，然后再从利益分析层面转到伦理关怀层面。这三维透视从理论的关切层面上视为三重透视也未尝不可，最表层的是技术层面，这是网络空间的基础层面；中层是利益层面，这是网络空间的现实层面；底层是伦理层面，这是网络空间的价值层面。当然，这三个层面的划分一定程度上是为了论述的方便，实际上三者是交叉在一起的，因此在对每个层面进行论述时应以一方为主，间或渗透其他层面的内容。

全文共分为四部分。导言主要围绕着网络空间的概念释义、选题意义、学术简评以及方法略论展开论述。网络空间包括两个方面的内涵：一是网络空间是技术意义上的数字化信息流动的空间；二是网络空间是一种文化交往空间。前者秉持的是客体性尺度，后者秉持的是主体性尺度。对网络空间的哲学研究具有非常重要的理论意义和实践意义。就理论意义而言，对网络进行多维度的理论概括和哲学反思，可以为科技哲学增添一个新的理论生长点，促进利益论研究的深入，促进应用伦理学的建构和发展，促进哲学主题的转换和研究范式的变革。就实践意义而言，对网络空间的哲学探讨有利于人际关系的发展以及人与社会之间的理性对话和秩序化重构。

对网络空间的哲学探讨最先遇到的就是技术层面的审视。对网络的诸多理论思考都建立在对网络技术维度的追问上面。网络空间既是一种技术现象，又是一种社会历史现象；既是人机互动的产物，又是人际互动的产物。网络空间是带有诸多悖逆特征的技术世界，网络在技术特性方面引起的巨大变革包括：改变了信息传递的媒介形式，导致了时空特性的嬗变，并引发了虚拟实在的现形。从历时性上看，网络媒介是信息媒介发展的最新形式；从共时性上看，网络媒介是诸多媒介的统一体。网络媒介的信息传递引致了时空压缩效应的出现，对传统的时空观产生了结构性影响。网络虚拟实在的出现标志着技术与实在的某种融合，我们正是通过有关技术的思辨来探讨这种新的实在的表象和本质。同时我们也要看到网络技术也会遇到自身难以克服的技术瓶颈：一是网络自身结构带有某种脆弱性；二是网络信息的数字编码化改变了人类记忆承载形式的可靠性；三是网络对人类交往的接触方式最明显的改变就是交往过程中的“身体缺席”。

对网络空间的技术审视为下一步的理论探讨奠定了基础。网络作为一种技术，它仅仅是一种手段，而不是目的。利益是人们社会实践的动力和目的，网络的发明、应用以及迅速发展壮大的背后实际上是利益在起作用。网络作为手段所指向的目的就是网络利益。人们通过网络实现的网络利益主要体现在经济和政治层面，是为网络经济利益和网络政治利益。网络经济利益主要体现在网络生产、网络消费以及电子商务诸环节中，网络改变了人们获得经济利益的内容和方式。网络政治利益体现在宏观和微观层面。从宏观角度研究网络政治，主要涉及网络对政治的影响，包括网络对政治制度、政治过程和政治生活的影响，对国际政治的影响等。宏观层面的网络政治利益从发生领域上看，分为国内政治利益和国际政治利益。从微观角度研究网络政治，主要涉及网络空间中的具体政治问题，讨论的内容主要是在具体的受到网络知识权力结构宰制的生活情景展现中体现出的生活政治，如网络民主、网络空间中的权力等。

利益概念辩护的中心视域是生活世界，有必要上升到以伦理概念为核心的意义世界。对网络空间的审视不应局限于现实利益的工具理性层面，应该上升到网络伦理的价值理性层面。从利益审视伦理，网络空间的出现既给社会伦理带来积极的作用，也向既存的社会伦理发起了各种挑战。网络空间中伦理问题的存在既表明了网络伦理建设的必要性，同时也给网络伦理的建设提供了动力。从伦理审视利益，网络最终带来的社会变化并不在于建立信息市场，而在于形成长久的个体关系和群体关系。个体与群体的网络行为实现了网络虚拟世界和现实世界的链接。网络伦理的构建为网络行为的健康发展提供了道德关怀，其自身理论体系的构建遵循道义论和目的论相结合的路径，基本内容则分为网络伦理原则、网络伦理规范以及网络伦理运行机制。

关键词：网络空间；技术；利益；伦理

目录 Contents

导　言

一、网络空间缘起

关于20世纪这个时代的定位，众说纷纭。麦克卢汉把20世纪的世界称为地球村，西班牙著名媒体研究大师、未来学家曼纽·卡斯特把这个时代命名为信息时代①，西方许多大师把这个时代称为全球化时代。但是，如果把一种最为典型的技术作为这个时代的象征物，网络无疑是这个时代当之无愧的表征。可以说，以计算机、通信技术和信息技术为支撑的电子信息网络正在高速发展并且日臻完善，它预示着人类正在进入一个新的时代——网络时代、一个新的空间——网络空间、一个新的世界——比特世界。

计算机与通信网络的结合悄悄地在我们身边进行。今天的人都不得不承认20世纪最伟大的发明是计算机，而计算机在20世纪最伟大的应用则是网络。网络作为一种技术，它的伟大之处就在于它不仅将改变一个社会的经济和政治结构，更重要的是它还将改变人类的行为模式和规范体系，譬如交往方式、学习方式、工作方式、娱乐方式和思维方式等。

---

① 严格地说，信息时代可以分为四个时代：计算机时代、网络时代、内容时代和智能时代，网络时代仅仅是其中的一个阶段和环节，指的是20世纪末互联网的出现标志着人类 社会进入网络时代，这是典型的将技术表征作为时代划分的方法。

尼葛洛庞帝曾说过："计算不再只和计算机有关，它决定我们的生存。"[①] 在此情况下，技术不仅仅是技术，它是和人的生存密切相关的。"由于人类日益和技术纠缠在一起并通过技术和其他人交织在一起，因而什么是特别属于人的和什么是特别属于技术的这两者之间原有的区分变得更加复杂。"[②] 从而，技术的开发应是人性本位的，不应是技术本位的；对技术的关注不应仅仅局限于技术层面，理应从技术层面上升到哲学层面。

网络空间的出现极大地拓展了人类的视野，拓展了人类的生存环境。由计算机及网络组成的这个新世界，对人类的活动和认知思维产生了前所未有的冲击和影响。作为时代精神之精华的哲学应该如何审视这个崭新世界对自身的冲击呢？如何在有限的"问题域"中尽可能实现对网络的更深、更广的理解呢？正如美国电脑界自由派人士马克·戈德温所说的那样："当一种新媒介呈现在公众和政府面前时，动荡就会产生，人们首先会为之欢呼，接踵而来的却是恐惧。问题是，我们怎样对这种恐惧作出回答?"[③] 何况网络不仅仅是一种新媒介，它影响着我们的全部。网络给我们带来了一种全新的工具、全新的技术以及全新的视野，这就要求产生一种新的网络哲学与之相对应。这种哲学要求我们对网络进行全方位、多维视野（Multi-dimensional perspective）的审视和思考，但是这种思考对象的新颖性使得任何与之相关的结论都是未定型的，大而全的泛泛之谈反而不利于抓住网络空间的一些本质的东西，所以选取几个有限的维度对此加以深入思考倒是一个可取的做法。[④] "网络所呈现的

① ［美］尼葛洛庞帝．数字化生存［M］．第3版．胡泳，范海燕，译．海口：海南出版社，1997：17.

② ［美］邓宁，麦特卡菲．超越计算［M］．冯艺东，译．保定：河北大学出版社，1998：148.

③ 乔岗．网络化生存［M］．北京：中国城市出版社，1997：404.

④ 角度的选择是一个方法论问题。首先，角度必然是多维的，从单角度阐释清楚一件事物是非常困难和不完整的；其次，各种角度的阐述之间应存在着相当程度的逻辑连接；最后，已有的角度整合是开放性的，不存在封闭的角度垄断，绝对完满的角度利用是不存在的，也就是说，角度的利用还存在着从其他层面加以阐释的可能性。质言之，多角度的言说既表明了从多层面审视的必要性和论说优势，也暗示了已有论说理论在某种程度上的无力感，任何一种言说都是不完备的。

这种多维度、全方位的面相、现实和特征，决定了我们必须从不同学科的视角出发，来分析和把握网络的各种具体面相和特征，从而能够在这样一种研究分化与专门化的基础上完成对网络的整合性形象、功能、意义和趋势的说明与理解。”①

我认为对网络进行多维的透视是必要的，本文的维度选择有三：技术、利益、伦理，即从网络空间的技术属性层面的审视转到利益层面加以理论分析，然后再从利益分析层面转到伦理关怀层面。这三维透视从理论的关切层面上视为三重透视也未尝不可，最表层的是技术层面，这是网络空间的基础层面；中层是利益层面，这是网络空间的现实层面；底层是伦理层面，这是网络空间的价值层面。

网络空间的哲学审视是个很大的题目，不是作者凭一己之力就能参悟得了的，在此作者由于理论旨趣、知识构成以及现实关切的原因，只能作出几个相关维度的理论诠释，以期为网络的研究添上一点自己的特色。

二、网络空间释义

本文题目的核心字眼就是“网络空间”，可以将之拆分为两个相关词语：网络和网络空间。这两个词语都有争议，因此必须先做界定，期望能减少争议。

（一）网络

“网络”这个词语可以从词源学、词义学和词用学这三个角度加以分析。

1. 词源学分析

将“网络”一词拆为“网”和“络”两个字。“网”是个象形字，甲骨文中像一张网，经过金文简化，篆文整齐化以及隶变后，楷书写作“网”，通網，成了形声兼会意字。《说文解字·网部》有云：“网，庖牺

① 冯鹏志．伸延的世界：网络化及其限制［M］．北京：北京出版社，1999：28.

氏所结绳以渔也……下象网交文。罔，网或从亡；網，网或从纟。”本义为用绳结成的用于渔猎的器皿；后用于动词，指捕捉；后引申为搜罗、招致；又引申为像网一样的东西；最后引申指纵横交错的组织或系统，如网络、商业网、通信网、联网。

“络”是个形声字，篆文从纟，隶变后楷书写作“絡”，今简化为“络”。《说文解字・纟部》又云：“絡，絮也。”本义为粗丝绵，引申为把丝缠绕在络子上；后用作名词，也指络丝人；由络丝引申为缠绕、环绕、连接；又引申为笼罩、套住；后又引申为控制，拉拢，又指连接成的网状物。[①]

网络（network）在英语中既用“net”又用“web”，这几个网络词汇按照意义外延的大小依次为net（network）、internet和web。李河曾经考证net和web在汉语中的来源：net原指捕鱼捉鸟时所用的网，大体相当于“罗网”“工具”。Web指蜘蛛或其他昆虫所织的网。作为工具，网的功能就是“捕获”；作为捕获的结果，网还有“落网”的含义。[②]面对网，我们的反应就是一个过程和动作：有网—用网—落网。网在这里既有名词意义，又有动词意义。

2．词义学分析

对网络的词义既存在定义过宽，也存在定义过窄的可能。《现代汉语词典》把“网络”一词解释为：网状的东西；由许多互相交错的分支组成的系统；由若干元器件或设备等连接成的网状的系统；特指计算机网络。这种解释只注重技术层面的现象描述，分析过窄，并没有真正对网络的实际含义作出全面的阐释。

3．词用学分析

“网络”一词使用非常广泛，含义各有不同，但是大体上有名词和动词两种用法。作为名词的网络至少有两种意思：一是作为网络构成的硬件设施。网络指的是一群单机之间的技术连接，信息流动通过这种连接从单机扩张到机群；二是指建立在数字信息硬件基础上的具体的信息网络。网

① 谷衍奎．汉字源流字典［M］．北京：华夏出版社，2003.

② 李河．得乐园・失乐园：网络与文明的传说［M］．北京：中国人民大学出版社，1997：4–8.

络指的是在现实中实现信息共享的相互连接的物质、能量与信息流通系统，类似于媒介意义上的信息流通渠道。动词意义上的网络指的是“网络形成”(networking)。李普纳克(J.Lipnack)和斯坦普斯(J.Stamps)在《网络形成》一书中提出：“网络就是联结我们共同活动、希望和理想的连环；网络形成是形成人们相互联系的过程。”[①]

可见广义的“网络”一词“是一组相互连接的节点（nodes）”[②]，不仅包括信息技术上的“网络”，还包括经济、文化、交通、观念和社会等含义上的“网络”。在此意义上，人类生活的方方面面都以网络的形式存在，所有处于普遍联系中的事物都是作为某种网络要素而存在着的，都是该网络上不可缺少的一个节点[③]。

尽管网络的含义很广，但是本文中所指的网络是狭义的电脑网络，其典型代表就是互联网和万维网。国际互联网（又译为因特网，它本来的含义是“网间联络”，即指由多个网络通过互联设备连接而成的大网络，也就是国际网）是一种产生于20世纪60年代的全球电脑通信系统，其目前最常用的服务形式被称为万维网[④]。WWW并非指独立于互联网之外的另一种网络，而是指20世纪90年代以后才兴起的一种超文本增强功能。其实互联网也只是电脑网络的诸多形式之一，但因其有着巨大的信息沟通能力，已成为当代文化生活中举足轻重的传播媒介。

1995年10月24日，“联合网络委员会”（FNC）通过了一项关于“互

① ［日］正村公宏.网络形成与信息化社会的课题［J］.现代外国哲学社会科学文摘，1987：7.

② ［西］曼纽尔·卡斯特.网络社会的崛起［M］.夏铸九，王志弘，等，译.北京：社会科学文献出版社，2001：570.

③ 卡斯特认为，节点就是指曲线与己身相交之处。节点是根据我们所谈的具体网络种类而定的，比如在全球金融流动网络中，节点是股票交换市场及其辅助性的先进服务中心。在新媒体全球网络中，节点是电视系统、娱乐工作室、电脑绘图环境、新工作团队以及产生、传送与接收信号的移动式设备，等等。

④ World Wide Web，简写为WWW，又译为环球网。WWW是Internet提供的一种信息检索服务手段，其原理是由1989年当时的欧洲粒子无力实验室蒂姆·伯纳斯·李（Tim Berners – Lee）提出的。WWW通过一种超文本（Hyper Text）方式，把Internet上不同的计算机内的信息有机地结合在一起，并且可以通过所见即所得的超文本传输协议（HTTP）从一台Web服务器转到另一台Web服务器上检索信息。

联网定义”[①]的决议：

“互联网”指的是全球性的信息系统——1.通过全球性的唯一的地址逻辑地链接在一起。这个地址是建立在“网络间协议”（IP）或今后其他协议的基础之上的。2.可以通过“传输控制协议”和“网络间协议”（TCP/IP），或者今后其他接替的协议或与“网络间协议”兼容的协议来进行通信。3.可以让公共用户或者私人用户使用高水平的服务。这种服务是建立在上述通信及相关的基础设施之上的。[②]

可见计算机网络的构成有以下4个因素：一是连接主体，被连接的主体是计算机。二是连接中介，这些计算机是通过通信线路连接起来的。三是连接依据，这种连接要依据一定的规范。四是连接目的，连接的目的是实现信息传输和资源共享。

（二）网络空间

信息和网络技术的迅速发展以及向当今社会文化的全面渗透，促进了技术和社会文化的协同进步，于是网络空间作为一种新的生活空间开始大行其道。网络空间（cyberspace）一词，又译为电脑空间、赛博空间等，cyber-这个前缀来自希腊语 κνβερνητηζ，有“掌舵、调节”之义。最初是由美国数学家维纳（Norbert Wiener）在1961年的研究中，创造出Cybernetics这个名词，这是一门“关于在动物和机器中控制和通信的科学”[③]，我们现在一般将Cybernetics译为“控制论”，从汉语字面意思来看只是突出了维纳定义中的“控制”（control）一意，而“通信”一意则从字面上无从反映。受到Cybernetics一词影响的Cyberspace[④]这个名词，则最早是由加拿大科学幻想小说家威廉·吉布森（William Gibson）在1981

① 对于Internet的译名，有人译为互联网，有人译为因特网，本文中的网络、互联网和因特网作等同观。有学者强调network、Internet和WWW等不同层次的网络在文化效应上的差异，甚至分别冠之以“网络”“网际”和“网路”之名，这对于研究某些具体问题而言很有意义，但本文并不强调这种内部差异。

② 郭良．网络创世纪：从阿帕网到互联网［M］．北京：中国人民大学出版社，1998：160.

③ ［美］N．维纳．控制论［M］．郝季仁，译．北京：京华出版社，2000.

④ 有人译为“赛博空间”，有人译为“网络空间”，本文在相同意义上使用这个词。

年的一篇短篇故事《燃烧之铬带》(Burning Chrome)中创造的，本意是一种能够与人的神经系统相连接的计算机信息系统所产生的虚拟空间。1984年，吉布森发表了赛博朋克小说《数字巫师》（Neuromancer），对网络空间作了更加精彩的阐述。在这部涉及科幻、性、迷幻药和摇滚的小说中，吉布森成功地将网际空间这个名词与这个时代联系在一起，因而它对计算机时代特别有吸引力。

虽然吉布森创造了“网际空间”这个名词，但是透过小说的科幻背景我们可以看到其中弥漫的浓浓的控制论色彩，所以对照西方理论语境而言，英语的“cyberspace”在词源上与电脑以及更广泛意义的电子通信有关。

今天对于网际网络普遍及表面上的解释，实际上是比较贴近于尼尔·史帝芬生（Neal Stephenson）在1992年的小说《雪崩》（Snow Crash）中所描述的“虚拟实境”（metaverse）。故事中的角色是计算机程序化后的虚拟人，居住在三维空间的魔术宇宙里。这和中文语境中将网络直接指涉为互联网乃至特指万维网倒是相近。

1991年，迈克尔·本尼迪克特（Michael Benedikt）在他主编的《网络空间：第一步》中指出，尽管成熟的网络空间仍然只是科幻故事或少数人的想象，但它已经在建构之中。他列举了关于网络空间的九种描述式的定义：

（1）基于计算机和联网而生成的一个与物质宇宙并行的新宇宙；

（2）任何接入计算机网络系统的计算机可以到达的一个无限的场域；

（3）一个无所不在又无处可在的世界，所有的东西都在变化的场域；

（4）一个公共的精神交感环境，一个流动着数据与谎言、心智与记忆和千万种声音与千万双眼睛的地方，一场可询问、交易，追逐共同的梦想和直接拥有的无形的“音乐会”；

（5）哪里有电子与智慧的交会，哪里就会形成网络空间的通道，哪里有数据的聚集和存储，哪里就有网络空间的房间，每一幅图片、每一段文字和每一个数字，每添加一次数据、每贡献一份思想，都会增加网络空间的深度；

（6）通过无数不停歇的工作摄像头，使遥远的地域和面孔，无论当下或恒久、无论真实或虚假，都能召唤在一起出场；

（7）网络空间使人类的组织变成了有机体：金钱在流动，义务和契约在汇集，人们面对电子界面进入虚拟的空间；

（8）在网络空间中，人们可以发现每一项与个人和组织生活有关的重要信息；

（9）纯粹的信息王国，对物质世界的信息抽象。[①]

网络空间既是以一系列信息技术、网络技术和虚拟现实技术为基础的，同时又是这些技术综合化的外在表现形式。网络空间包括两个方面的内涵：一是网络空间是技术意义上的数字化信息流动的空间；二是网络空间是一种文化交往空间。[②]前者秉持的是客体性尺度，后者秉持的是主体性尺度。

1. 网络空间是一种技术空间

许多人眼里的网络空间其实和因特网是等价的。因特网是全球最大的计算机网络，同时也处于相当程度的无政府状态，使用的是标准的电话线路，可以连接政府部门、企业、学校及家庭，提供便宜的实时电子邮件收发服务，并能帮助使用者取得大量的资料。

网络空间的技术基础是由硬件和软件共同构成的，其中流动的信息是网络空间的灵魂所在，而信息是以数字化的形式出现的。网络空间的建构遵循类似于从理性到现实的路径，具有相当程度的柏拉图意味的理念论色彩，但是“网络空间中的空间物体虽然是从柏拉图想象力所构造出的理念出发，但那些完美的立体或理想的数在意义上却不同于柏拉图所构造出来的理念，相同的则是网络空间的信息秉承了柏拉图形式之美”[③]。“网络空间暗示着一种由计算机生成的维度，在这里我们把信息移来移去，我们围绕数据寻找出路。网络空间表示一种再现的或人工的世界，一个由我们的系统所产生的信息和我们反馈到系统中的信息所构成的世界。”[④]

而网络空间中的信息是以二进制的数字符号为最终构成基础物的，计

① Micael Benedik.Cyberspace：First Step[M].Cambridge MA：The MIT Press，1991：29–24.Reader，London and New York，Routledge，29–44.

② 曾国屏，等．赛博空间的哲学探索［M］．北京：清华大学出版社，2002：4–14.

③ ［美］迈克尔·海姆．从界面到网络空间：虚拟实在的形而上学［M］．金吾伦，刘钢，译．上海：上海科技教育出版社，2000：91.

④ ［美］迈克尔·海姆．从界面到网络空间：虚拟实在的形而上学［M］．上海：上海科技教育出版社，2000：79.

算机正是通过这种二进制数理逻辑来还原一定的空间和时间中可见和可感的经验物。这些二进制的表意符号作为计算语言没有任何质的区分，能指（signifier）和所指（signified）的区分在这里是毫无意义的，表达的思想和思想的表达之间的距离也无疑是被忽视的，“符号和意义之间不再有任何鸿沟”[①]。

尽管这些计算语言符号本身并无任何实质意义，但是这些符号的组合是有一定表征意义和信息效用的，这也是我们对这些符号进行各种重构的目的之所在。所以，尽管二进制的比特在量上本身无意义，但是经过还原后的比特量就相当于一定的信息量，信息量的大小就决定网络空间的大小，因此可以把网络空间的技术本质定义为由互联的单机构成的计算机系统处理信息以及信息量的载体和场所。网络空间是“一种由计算机生成的维度”，“表示一种再现的或人工的世界，一个由我们的系统所产生的信息和我们反馈到系统中去的信息所构成的世界”[②]。

2．网络空间是一种社会文化空间

随着时间的推移，网络空间的主角正由电子人变成活生生的网民和黑客等技术精英。技术意味尽管依然突出，但是其基本理论阐释已渐渐让位于社会文化阐释。

正是因为从文化角度对网络空间进行阐释，所以网络空间的真正内涵会因研究视角与关注问题的不同而不同，是人的千差万别决定了互联网的千差万别。

从日常生活和社会交往的角度着眼，英国当代文化研究先驱威廉姆斯（R.Williams）与霍尔（S.Holl）将文化界定为“一种整体的生活方式”[③]和“社会实践的内在关系的总和”[④]，强调是生活经验的建构而不是精

① ［美］迈克尔·海姆．从界面到网络空间：虚拟实在的形而上学［M］．上海：上海科技教育出版社，2000：96.

② ［美］迈克尔·海姆．从界面到网络空间：虚拟实在的形而上学［M］．上海：上海科技教育出版社，2000：79.

③ ［英］雷蒙德·威廉斯．文化与社会［M］．吴松江，张文定，译．北京：北京大学出版社，1991：19.

④ ［英］斯图亚特·霍尔，保罗·杜盖伊．做文化研究：索尼随身听的故事［M］．霍炜，译．北京：商务印书馆，2003：13.

英话语的生产。网络正好提供了一个可供文化阐释的良好标本。网络作为网民发生各种网际关系的数字平台，已经从根本上改变了人们的生活方式。网络空间不是新鲜事，它已经存在了数十年的光景。它并未太多地改变了我们的世界，只是将各种科技统一在一个称谓之下，改变了我们在这个世界上“整体的生活方式”。它的平民化应用显示了它身上带有的草根性色彩，为全民的参与提供了新的视角和内在动力。

所以说，仅仅将网络视为一种完美的用于存取超文本的计算机环境是不够的，我们应当从网络是人器官延伸的思考角度进一步追问下去：“网络空间对于人类意味着什么？对于人类的生存有什么意义？”只有站在哲学高度上才能认同海姆所说的：“网络空间还是一个形而上学实验室，一种检验我们实在之真正意义的工具。”网络空间的真实主体根据，不是技术本身，而是生物的性冲动的外力所及，延伸到我们在这里不断寻求扩大我们知识范围的精神领域。“网络空间作为一种产物是属于柏拉图主义的。全副感官输入装置武装起来的网络行者坐在我们面前，他们似乎是而且确实是不再属于我们这个世界了。”①

网络理论家A.R.斯通(Allucquere Rosanne stone)将网络空间视为一种社会空间，认为网络空间“毫无疑问地是一个社会空间，在这里人们仍然是面对面地相遇，不过对‘相遇’和‘面对面’要重新定义”。网络空间与网络交往的关系越来越密切，网络空间就是以网络为平台提供了成员之间真实交往的环境和形式。②而麻省理工学院电脑科学实验室的高级研究员D.克拉克则更直接地点明：“把网络看成电脑间的连接是不对的。相反，网络把使用电脑的人连接起来了……”

全球性的计算机基质就像一张网，将所有的语言都捕捉在一个永恒的在场之内。各种科学语言都试图对此作出自己的范式解释，有网络哲学的言说，也有网络经济的言说，还有网络文化的言说，不一而足。现实如

① [美]迈克尔·海姆：从界面到网络空间：虚拟实在的形而上学[M].上海：上海科技教育出版社，2000：91.

② Michael Benedikt.Cyberspace：First Step[M]. Cambridge MA：The MIT Press，1991：85.

何，对网络空间的阐释就会带有相应的知识社会学的不同解释力度。因此，简单地说，网络空间是对我们所居住世界的不同解释，它不是“虚拟实境”，而是非常真实的实境。网络空间就是所有的几何空间、物理空间、文本空间、社会空间、想象空间等网络投影和形塑，人是其中主要的掌控因素，所有的空间转换和内置都是人感性和理性合谋的结果。

以上网络空间的定义表明，网络空间不仅是一种技术空间，更是技术遮蔽下的社会文化的空间。网络空间的定义经历了一个由现象技术层面描述到现实社会交往概括的逐渐丰满的发展过程，最初的定义大多局限于网络的技术层面，后来逐渐向现实交往的维度转变；前者强调虚拟现实，后者强调交往现实。在技术维度上定义网络空间，仅从客体的信息化展现的视角来揭示网络空间的本质，无疑是仅将网络空间视为单纯的数字平台和信息容器，而信息符号代码的数字化形式流动的无差别性则泯灭了现实系统操作网民的差别和互动，从而根本抵消了网络信息传递的人本意义。所以，从社会文化空间的角度对网络加以定义就可以补救这个弊端，网络是社会空间、交往空间的定义反映了人们对网络认识的深化，为人们的网络参与提供了深层的心理和精神动力。

因为互联网还是一种快速发展着的动态建构性的技术社会现象，其发展空间还很巨大，尤其是在中国。但由于中国互联网发展时间短，所以对它的理解和定位还不是十分清晰，加上中西语境还存在着相当大的差异，在此情况下对网络空间下一个准确的定义还有一定的理论难度，因此定义本身就有着很大的现象描述色彩和外在归类性质，很难找到绝对本质性的界定。本文的两个角度的理解也是一得之见而已。

三、选题意义

互联网的迅速崛起，已经成为新世纪信息化社会环境下一个最显著的特征。电脑网络显示的威力越来越大，其影响也越来越明显。“因特网是工业革命历史的终结。因特网属于信息时代，在信息时代每个人都可以与别处的每个人相连。在我们发现别的类似物之前，因特网就是终极形态。”[①]在网络时代，网络既体现为一整套信息技术设施和技术规则的集合体，也体现为一种社会文化建构的产物；网络不仅为人类提供了一种先进的信息传输手段和开放式的信息交往平台，也提供了一种独特的社会人文生活空间。[②]电脑网络不仅正在改变着个体理解世界的具体方式，也重构着社会生活的整体格局。在这样的历史语境下，网络为现代的科学研究打开了新的理论视野，提供了重要的数字化平台。

（一）理论意义

对网络进行多维度的理论概括和哲学反思，以期为科技哲学增添一个新的理论生长点，并为科技与人文的互动提供一个良好的理论结合部。新的科技现象的出现要求哲学首先是科技哲学进行理论概括和反思，网络以其重要影响成为现代最显著的标志性技术物，改变了人们对时空、实在、中介以及交往等的看法，况且这种改变还在进行中，尚无终结痕迹。完整的网络空间是人机以及人际互动的衍生物，纯粹的技术哲学审视并不能真正掌握网络的本质，必须在科技与人文、工具和价值结合的理论视点上寻找网络的本质内容。

对网络的哲学研究可以促进利益论研究的深入。利益是人们考虑和处理一切问题的出发点，正如马克思所说的那样：“人们奋斗所争取的一切，都同他们的利益有关。”[③]网络作为技术形态以及数字平台出现的根本动力无疑是和人们的利益分不开的，网络道德问题的出现和利益密切相关，任何有关技术哲学和伦理问题的思考都无法离开利益考量，因为“‘思想’一旦离开‘利益’，就一定会使自己出丑”[④]。网络的出现使网络利益主体多元化、利益满足方式多样化、利益冲突超限化、利益结构虚拟化，这一切现象的呈现使利益论的研究出现了新的特点和新的理论生发点。

对网络所面临的伦理问题进行哲学研究可以促进应用伦理学的建构

① 刘钢．网络媒体悖论［J］．程序员，2001（6）：22.

② 万林艳．网络时代的人与文化［D］．北京：中国人民大学，2001.

③ 马克思，恩格斯．马克思恩格斯全集：第 1 卷［M］．北京：人民出版社，1956：82.

④ 马克思，恩格斯．马克思恩格斯全集：第 2 卷［M］．北京：人民出版社，1957：103.

和发展。由于电子信息网络对社会生活各方面的重要作用和影响，它成为从具有技术创新意义的事物扩展到具有全面社会意义的事物，所以对此不应局限于技术层面的思考，而应跳出纯技术界限进行超技术的思索。网络伦理作为对网络空间面临的各种网络伦理问题的价值回应，既有着理论研究的现实紧迫性和内在动力，也有着理论架构的广阔空间。“互联网提供了实现自由人的自由联合的最终技术条件，但这一技术条件代替不了自由人的自由联合所需要的道德条件。”“互联网……对人类的‘道德’构成了考验和挑战。互联网提供了实现自由人的自由联合的最终技术条件，但只有在自由人的自由联合所需要的道德条件同样实现的情况下，马克思一百多年前的理想才可能成为现实。”①网络不仅仅是一个技术问题，它更是一个负载伦理价值的技术问题。网络空间充斥着各种技术涂层掩盖下的伦理道德问题，网络需要有自己特有的伦理道德，网络伦理的建构能使网络由无序走向有序，深刻地体现出人类德性进步的程度。

促进哲学主题的转换和研究范式的变革，使哲学在与时代精神的互动中汲取理论和实践营养，以使自己站在时代精神的高度发挥前瞻性、指导性和建设性作用。中国由以前的每一次重大科技革命中都慢一拍到现在和欧美发达国家几乎同时进入网络时代，这显然是一个明显的时代进步，这种进步迫切地要求我们拿出自己的理论研究成果来巩固自身的技术成就，尤其是理论研究严重滞后的现实也更加剧了哲学主题和研究范式转换的紧迫性。

（二）实践意义

网络空间理论研究有利于加深对科技是第一生产力的认识，从而可以更好地掌控时代发展的制高点，为我国信息网络建设、知识经济发展、网络经济培育以及科教兴国战略的实施提供理论支持和理性保障。

建构网络伦理有利于网络空间以及网络社会秩序的和谐、有序与稳定。网络伦理的建构是对网络伦理问题的理论回应和系统反馈，在问题—反馈—研究—措施—解决的互动环节中进行良性的伦理研究和建立理论运

① 汪丁丁．自由人的自由联合［M］．厦门：鹭江出版社，2000：8.

思机制，从而有利于营造社会调控的软性制约氛围，实现网络空间中网民之间以及网民与现实社会之间的理性对话和秩序化重构。

四、学术简评

互联网起源于西方发达国家，所以这些国家的理论家对这种新兴技术社会现象的关注也就更早、更系统。我国自1994年正式接入互联网以来，至今也只有8年多的时间，还处在少年时期，所以对这方面的研究真正有分量的不多，这方面的研究成果呈现出译介和原创并重的状态，尤其是在前期，对国人较有影响的著作大多是水平参差不齐的译介作品。

初期网络著作译介的过程同时也是大陆学者展开学术建构、寻找可资借鉴的学术资源的过程，正是这些开拓性的研究专著掀起了国人极大的“数字化热潮”。代表性的著作如下：本尼迪克特（M.Benedict）的《网络空间：第一步》（1991）揭示了一个虚幻迷离的在线世界；兰道（G.Landow）的《超文本》（1992）分析了网络时代的写作载体和批评形态；海姆（M. Heim）的《虚拟现实的形而上学》（1993）展示了从电脑界面到网络空间的形而上学探索历程以及其中的哲学意蕴；特克尔（S.Turkle）的《屏幕生活》（1995）对电脑使用者的身份认同进行了深入的心理探索；尼葛洛庞帝（N. Negro Ponte）的《数字化生存》（1995）以数字传教士的姿态向我们描绘了一个美好的网人共生的数字乌托邦图景；卡斯特（M. Castell）的“信息时代三部曲：经济、社会与文化”（包括第一卷《网络社会的崛起》、第二卷《认同的力量》和第三卷《千年终结》）揭示了“正在被全球信息资本主义所取代的系统”如何体现为“网络社会与集体认同之间斗争的行动”，从而“透视了一种无法描述的后现代主义景象”；盖茨（B. Gates）《未来之路》（1996）描述了信息高速公路的诱人前景；戴森（E.Dyson）的《2.0版：数字化时代的生活设计》（1998）从多角度描绘了数字化时代的生活场景；泰普斯科特（D.Tapscott）《数字化成长——网络世代的崛起》（1999）从社会学角度深刻诠释了伴随网络共同成长的新时代的全方位特征；波斯特（M.Poster）的《信息方式》

（2001）"探讨了后结构主义理论与电子媒介交流的关系"①；还有刘华杰主编的《计算机文化译丛》②（河北大学出版社，1998），其所选书目也很有特色。此外，一些视野更为开阔、影响更为广泛的作家，如鲍德里亚（J. Baudrillard）、德勒兹（G. Deleuze）、德里达（J. Derrida）和齐泽克（S. Zizek），以及稍远的弗洛伊德（S. Freud）、巴赫金（M. M. Bakhtin）、拉康（J. Lacon）和哈贝马斯（J. Habermas）等人，则在更深的层次上提供了关键思想资源。

即使在本土原创性论著中也是译介评论内容较多、较细，原创性明显不足，其中影响较大的几套研究丛书可以视为中国学者力图以中国视角重新审视网络的集体结晶。如郭良主编的《网络文化丛书》③（中国人民大学出版社，1997）、严耕主编《透视网络时代丛书》④（北京出版社，1999）、姜奇平主编《数字论坛丛书》⑤（海洋出版社，1999）等。

上述的著作对信息网络进行了多方位的介绍和考量，内容的杂糅性较强，有利于我们从较高的层面观察网络的整体理论格局。至于具体到本文的理论框架，相关的研究概况如下。

1．网络技术领域的研究

对技术现象进行哲学研究要有相当的理论知识储备，就是这种研究需要作者具有扎实的技术背景和良好的哲学根底。网络技术作为计算机技

① 马克·波斯特．信息方式：后结构主义与社会语境［M］．范静哗，译．北京：商务印书馆，2001：1.

② 《计算机文化译丛》书目包括：摩尔《皇帝虚衣》、麦特卡菲《超越计算》、巴雷特《赛伯族状态》、罗林斯《机器的奴隶》、普拉特《混乱的连线》、萨沙《大师的智慧》、德克霍夫《文化肌肤》。

③ 《网络文化丛书》书目包括：郭良《网络创世纪》，姜奇平《21世纪网络生存术》，王小东《信息时代的世界地图》，李河《得乐园·失乐园》，吴伯凡《孤独的狂欢》，严峰、卜卫《生活在网络中》，胡泳、范海燕《黑客：电脑时代的牛仔》。

④ 《透视网络时代丛书》书目包括：陆俊《重建巴比伦：文化视野中的网络》、严耕《终极市场：网络经济的来临》、孙伟平《猫与耗子的新游戏：网络犯罪及其治理》、冯鹏志《伸延的世界：网络文化及其限制》。

⑤ 《数字论坛丛书》书目包括：方兴东《骚动与喧哗数字神坛》、刘韧《中关村问题》、陆群《寻找网上中国》、段永朝《电脑，穿越世纪的精灵》、姜奇平《数字财富》、胡泳《另类空间》《我们是丑人和 luser》。

术和通信技术的结合体，代表着当代信息革命的最高成就。网络的出现给哲学带来了很多问题，但是由于网络是一种飞速发展的新生事物，它的成熟程度在一定意义上决定着问题的暴露程度，对它的研究也就呈现出由浅白逐渐到深入的理论滞后状态。对网络的冲击和影响感受最早的是一些相关技术领域的研究人员和从业人员，鉴于这些网络著作作者知识背景复杂，开始时期真正从哲学层面进行反思的作者并不是很多，其著作大多局限于对网络技术层面的一般描述与介绍，大体分布在计算机科学、信息网络科学、信息网络产业（IT业）等方面。对此进行技术哲学的研究并没有太多可资利用的理论分析框架，一般是借用现成的科技哲学概念和理论体系加以一定程度的合理引申和适当发挥。

2. 网络利益领域的研究

网络利益的研究较分散，一般见于网络经济以及网络政治书籍和文章中。由于网络的迅速发展，网络经济和政治理论的研究严重滞后于实践的发展，二者都还没有形成自己独特的理论分析框架，还局限于经验的现象描述，理论范式很不成熟。网络经济类文献大多是集中于网络对经济活动带来的各种影响，其分析框架仍然是传统的经济学理论体系，其中对于网络用户的利益影响一般是从具体的经济案例中分析出的。网络政治的研究可分为宏观的网络政治影响和微观的网络空间中的政治问题，其中涉及复杂的利益关系，如数字鸿沟、网络民主、网络权力等。由于这部分内容的研究不是十分充分，所以相关的研究很多是从社会学层面进行的，哲学层面的研究相对较少，这增加了我们研究的难度。

3. 网络伦理领域的研究[①]

网络伦理的建立使人在进出网络的各种网络行为中有了较明确的规则，在使网络为社会和人类作出贡献、尊重知识产权以及他人的隐私权、唤起行为主体道德感、树立合理价值观、形成网络秩序等方面，发挥了明显作用。

网络伦理领域的研究就研究的地域而言可分为国外研究和国内研究，

① 这部分内容相关参考资料较多，在此不一一列出。

就研究的内容而言可分为实践层面和理论层面。由于网络最先出现在发达国家，其网络伦理问题暴露得比较充分，所以国外的网络伦理研究也走在前面。

就国外网络伦理研究的实践层面而言，主要表现为一些相关研究组织纷纷成立，并定期举办各种规模的学术讨论会。如1995年11月18日，在美国加利福尼亚大学柏克利分校举行了讨论会，会议的主题是国际互联网的伦理学。美国华盛顿布鲁克林计算机协会从1992年开始，每年都召开关于网络伦理的年会。该协会还专门设有研究网络伦理的部门。美国杜克大学率先开设了“伦理学和因特网络”课程，授课者和学习者可以就某一相关议题在万维网上交流，或通过参加某一讨论组或新闻组发表自己的意见。

国外学者对网络伦理的理论研究，归纳起来有三个方面：一是网络行为规范、网络行为性质等网络具体问题的研究。比较著名的是美国计算机伦理协会所制定的“网络十条戒律”、美国计算机协会的“网络伦理八条规范”、南加利福尼亚大学网络伦理声明的“六种网络不道德行为”等；二是网络与社会其他现象相关联而出现的如社会结构，文化交往，教育方式，经济、政治与民主等交叉问题；三是由网络伦理问题引发的深层次哲学问题的理论研究，如对网络生存的理论阐释、现实原有的伦理道德在网络中的适用性等问题。比如美国学者罗伯特·N.巴格建议对计算机伦理学设定三条普遍的基本原理：第一,一致同意的原则，如诚实、公正和真实等。第二，把这些原则运用到对不道德行为的禁止上。第三，通过惩罚并且(或者)通过对遵守规则行为积极的鼓励来加强对不道德行为的禁止。

国内学者也在20世纪90年代后期开始对网络伦理进行研究，网络伦理研究逐渐成为一个热门话题。国内学者对网络伦理的研究，一是网络价值评判、人文反思和文化冲击，包括对社会秩序、人际关系、传统文化、意识形态、宗教信仰产生的正面影响和负面冲击等。二是探究各种网络问题，包括具体问题，即网络使用和运作中遇到的现实问题，如网络“黄、毒、假、黑、诈”，网络主体面临信仰、信任、权责、安全、隐私、孤独、焦虑等危机；交叉问题，即网络与其他社会现象相关联而出现的社会问题，如文化霸权、网络犯罪、恶意信息等；理论问题，即对道德问题的深层次的伦理理论透视，如网络道德原则、网络道德规范以及网络道德范畴等。

五、方法略论

题目虽说是多维“透视”之“思”，但是多重维度需有方法的引领以及致思之径，方有透视之效。

历史与逻辑相统一的方法。黑格尔最早提出逻辑与历史相一致的原则，他认为逻辑的东西是第一位、决定性的，历史的东西反而是第二性的、被决定的，马克思和恩格斯唯物主义意义上的逻辑与历史的一致是指理论的概念体系的逻辑顺序是客观历史发展顺序的反映。历史的东西是逻辑的东西的基础，逻辑的东西是历史的东西在理论思维中的再现。逻辑与历史相一致的方法要求我们的理论研究要回到事物的原始状态，照顾思想起点的逻辑合理性。恩格斯指出，在理论思维中“逻辑的研究方式是唯一适用的方式。但是，实际上这种方式无非是历史的研究方式，不过摆脱了历史的形式以及起扰乱作用的偶然性而已。历史从哪里开始，思想进程也应当从哪里开始，而思想进程的进一步发展不过是历史过程在抽象的、理论上前后一贯的形式上的反映”①。

个案分析与理论剖析相结合的方法。由于网络研究的变数因素相当之多，网络研究涉及的内容较为复杂，尤其是笔者学识存在局限性，本文不可能对网络空间的方方面面都深刻论及，因此只能例析网络的现实发生的某些具体层面，通过解剖麻雀的办法来管中窥豹。这是一个难度高、效度也高的方法。

理性演绎与价值评析相结合的方法。正如观察渗透理论，理论也负载价值，网络作为技术现象无疑是隐含价值取向的，无论是网络的实践运行还是网络的理论运思都是依归某种价值的。尤其是在现代科技投入越来越巨大的情况下，运动着的科技体系的价值倾向和实际趋向是毫不含糊

① 马克思，恩格斯．马克思恩格斯选集［M］．第 2 卷．北京：人民出版社，1972：122.

的。[①]作为高科技代表的网络，其空间环境中工具理性和价值理性的二极张力表现得淋漓尽致。

抽象与具体相结合的方法。抽象与具体相结合的方法是指从感性的具体出发，通过分析，由感性具体达到抽象的规定；然后，再通过综合，由抽象的规定达到思维中的具体。具体和抽象二者的结合既不是仅仅停留在具体的现象描述上面，也不局限于抽象的原则论述。马克思把思维与具体视为辩证思维运动中存在着的两条方向相反的道路："完整的表象蒸发为抽象的规定"和"抽象的规定在思维行程中导致具体的再现"[②]。完整的论述应该是先对现象进行抽象，再由理论的具体把它再现出来。"任何一种只从一般理论的前提推论出理论结论、只抽象地解释它而不具体地通过实际来检验它的方法，都会重新造成一些简单化的或错误的观念。"[③]

多维系统方法。对问题的思考尽可能从多个维度全面系统地审视，既分析整体，又分析其要素；既要多个角度，又要注意角度之间的理论平衡。系统分析方法的原则包括整体性原则、相关性原则、自组织性原则、动态性原则等，网络空间作为技术空间和文化空间的多重复合系统特别适合采用系统方法来加以综合分析。应把网络空间的形成看作是多种因素共同作用的结果，这样就能避免陷入科学决定论的误区。

① 早在 1955 年，52 位诺贝尔奖得主就汇集博登湖畔，发表了《迈瑙宣言》，其中不无沉痛地指出："我们愉快地贡献我们的一生为科学服务。我们相信：科学是通向人类幸福生活之路。但是，我们怀着惊恐的心情看到，也正是这个科学在向人类提供自杀的手段。"

② 马克思，恩格斯 . 马克思恩格斯选集［M］. 第 2 卷 . 北京：人民出版社，1995：18.

③［捷］奥塔・锡克 . 经济—利益—政治［M］. 王福民，王成稼，沙吉才，译 . 北京：中国社会科学出版社，1984：2–3.

第一章 技术维度中的网络空间

“新信息技术正以全球的工具性网络整合世界。”①网络作为高新技术时代的象征物带来的影响无疑是多方面的，一是在多领域的影响方面，二是对事物的多重影响方面，而影响本身的根源又在于事物相互之间联系的性质、结构和类型等，网络作为一种社会现象需要在搞清楚自身的内部规定性的基础上才可以论及对什么领域以及对什么事物有什么影响的问题。

网络首先是一种技术现象。网络作为一种技术涉及许多相关的技术，而每一种技术都无法涵盖网络的全部视域和内容，网络有着自己的整体系统和自身的间架结构。每一种技术都在其中起到自有的独到作用，无论是作为平台的技术，还是作为对象的技术，都为网络起到组合、磨合、协调以及劣汰的形塑作用。网络的技术层面实际上就是侧重于形式方面，当然形式和内容是分不开的，所以各个亚领域之间界限并不分明，虚拟、互动、超文本等基本问题往往是技术和人文共同的关注点。

网络还是一种社会现象。互联网是诸多技术的融合，它与人形成多种多样的复杂关系。其实技术本身就是人的生存方式，尤其是在现代社会环境中，技术方式更是成为人生存的主要内容，技术形式的改变实际上是

---

① ［西］曼纽尔·卡斯特．网络社会的崛起［M］．夏铸九，王志弘，等，译．北京：社会科学文献出版社，2001：26.

人的生存方式的变更。正因为技术决定我们的生存，所以我们所做的一切理论透视都是从人与技术的互动关系着眼的。同样，对网络的技术解说不能从纯粹意义上的技术角度出发，必须结合其他维度的理论质询和逻辑追问，几种维度的结合有时是难以区分的。恩格斯曾指出："推动哲学家前进的，决不像他们所想象的那样，只是纯粹思想的力量。恰恰相反，真正推动他们前进的，主要是自然科学和工业的强大而日益迅猛的进步。"①技术的发展给哲学视域带来了各种实践和理论问题以及由此进行理论透视的逻辑张力。

总之，"我们必须认真看待技术，以之作为探究的起点；我们必须把革命性的技术变迁过程摆在该变迁过程发生与形塑的社会脉络之中；我们也应铭记在心，描绘新历史时，认同地追寻与技术—经济变迁同样有力"②。

一、网络空间的技术背景

把网络放在技术视野中去理解技术中的网络，首先得从审视网络中的技术开始。技术哲学和具体技术是密不可分的。

（一）网络的技术发展

人类的历史可以说是一个信息沟通（communication）③的历史，人类信息沟通的方式、沟通的时空范围受到沟通工具和通信技术的限制。在某种意义上，"信息交流方式的变化实际就是人类生存方式的变化。当信息交流手段和方式发生变化时，势必改变和影响人类的生产和生活方式"④。也许正因为这个原因，"不同的媒介赋予了不同的时间和空间。不同的轮

① 马克思，恩格斯 . 马克思恩格斯选集［M］. 第 4 卷 . 北京：人民出版社，1995：226.

② ［西］曼纽尔・卡斯特 . 网络社会的崛起［M］. 夏铸九，王志弘，等，译 . 北京：社会科学文献出版社，2001：5.

③ communication 在中文里对应的词语有"通信""传播"和"沟通"等，它们之间的指代色彩有着微妙的区别，在计算机网络中更多使用"通信"和"传播"，至于人际交往多使用"沟通"，人际交往的载体变迁也可以使用"沟通"。本文将"沟通"和"交流"作等义观。

④ 严耕，陆俊，等 . 网络伦理［M］. 北京：北京出版社，1998：15-16.

子决定了人所能拥有的不同的时间和空间，决定着人与人交往的方式”[①]。

无论是何种具体的技术都包含、影响着一定的信息沟通方式，人类的信息沟通过程在显性因素上表现为信息沟通的载体之间的联通，这些载体的历史变迁就体现了人类信息沟通方式的变革。广义的信息技术指的是信息存贮、传播、处理等方面的技术，历史上信息技术的每一次变革，无论是语言、文字、印刷术的发明，还是电信、电报的运用，都具有革命性的意义。现代信息技术一般包括计算机、通信、控制技术以及信息采集技术。每一种具备连续性中断意义的信息技术革新以及技术范式的序列变化都标志着一种信息革命[②]的发生。距今，人类信息革命已有四次：语言的产生及发展是人类信息开发史上的第一次革命；文字和印刷术的发明是人类信息开发史上的第二次革命；电讯的发明是信息开发史上的第三次革命；电脑的发明是信息开发史上的第四次革命。网络则是现在正在发生的以建设信息高速公路为标志的现代信息技术革命的杰出代表。所以说，如果想理解网络就须回到网络产生的信息技术革命的社会历史大背景中去。

现代信息技术革命是以电子计算机技术为主导的在高度综合现代高科技的“多媒体技术”基础上的更高阶段上的信息革命，这是一次信息综合处理手段的更进一步的革命。所谓的信息高速公路就是电子计算机的联网设施，可以说因特网就是全球信息高速公路的雏形和未来信息社会的蓝图，因特网已经发展成为全世界最大的信息市场。但是电子计算机的联网设施并不等于信息高速公路，它是指在多媒体高新技术基础上开发的更加智能化、更高一级的电子计算机的网络系统。信息高速公路包含的因素更多，最起码应具备五个要素：立体、交互式、高速、广域、数字化。信息高速公路是建立在电子计算机技术、现代通信技术等高科技基础上的立体的、广域的、交互的、数字化的、高智能化的多媒体信息网络系统。

现代信息技术革命至少和18世纪的工业革命一样，是个重大历史事件，导致了经济、社会与文化等物质基础的不连续模式。技术革命具有普

① 吴伯凡.孤独的狂欢：数字时代的交往［M］.北京：中国人民大学出版社，1998：315.

② 信息革命和信息技术革命是有区别的，前者的外延要大于后者的外延，一般人们对此的区分不是很明确。

遍性，贯穿了人类活动的所有场域，牵涉了所有活动的方方面面。换言之，除了刺激新产品出现外，它们还是过程取向的（process-oriented）。另外，与其他革命不同的是，我们现在所经历革命的变迁核心，是信息处理与沟通的技术。当前技术革命的特性，并不是以知识与信息为核心，而在于如何将这些知识和信息应用在知识生产与信息处理及沟通的设施上，这是创新与创新的运用之间的一种累积性反馈回路。并且，以信息技术革命所产生的技术立即运用在技术本身的发展上，通过信息技术连接整个世界。①

技术的根源归根结底不能用技术本身的发展逻辑来说明，应该从技术与社会互动角度去解释。正如卡斯特所说："技术并未决定社会，而是技术具体化了社会；社会也并未决定技术发明，而是社会利用技术。"②"事实上，社会能否掌握技术，特别是每个历史时期里具有策略决定性的技术，相当程度地塑造了社会的命运。我们可以说，虽然技术就其本身而言，并未决定历史演变与社会变迁，技术（或缺少技术）却体现了社会自我转化的能力，以及社会在总是充满冲突的过程里决定运用其技术潜能的方式。"③作为信息高速公路样本的因特网的出现和发展是有其具体的社会历史原因的，作为当代技术水平的象征的网络技术，其发展的最深层原因就存在于现实社会物质经济生活之中。总的来说，"因特网在20世纪最后30年间的创造和发展，是军事策略、大型科学组织、科技产业，以及反传统文化的创新所衍生的独特混合体。因特网的起源是世界上最有创造力的研究机构——美国国防部先进研究计划局④（The US Defense Department's Advanced Research Projects Agency，ARPA）所执行的一项工作"⑤。

因特网从诞生至今大致经历了初期联网、阿帕网（ARPANet）的诞

① ［西］曼纽尔·卡斯特．网络社会的崛起［M］．夏铸九，王志弘，等，译．北京：社会科学文献出版社，2001：35–38.

② ［西］曼纽尔·卡斯特．网络社会的崛起［M］．夏铸九，王志弘，等，译．北京：社会科学文献出版社，2001：6.

③ ［西］曼纽尔·卡斯特．网络社会的崛起［M］．夏铸九，王志弘，等，译．北京：社会科学文献出版社，2001：8.

④ 也有人译为"高级计划研究署"。

⑤ ［西］曼纽尔·卡斯特．网络社会的崛起［M］．夏铸九，王志弘，等，译．北京：社会科学文献出版社，2001：53.

生、NSFNET网的建立、美国国内因特网的形成以及因特网在全世界的发展等阶段。

从起源上来说，因特网的出现带有冷战色彩，因特网前身为20世纪60年代美国军方的阿帕网，本是为对付核打击而开发的分散控制式通信系统。阿帕网的设计采用了分组交换技术，即阿帕网为联线的计算机提供了许多条传输线路，计算机在相互传输信息时，将信息分成一个个的信息包裹，分别沿合适的路线传输到目的地。这样一来，计算机间的通信不再依赖于易受集中打击的控制中心，而且纵使一部分线路遭到破坏，信息包裹也能够根据网络协议寻找传输线路，速度虽有所放慢，但传输仍可进行。据此，技术人员将阿帕网的结构称为分布式结构。分组交换技术解决了线路共享与延迟的矛盾，在今天的计算机网络——无论是局域网还是广域网上，都采用了分组交换技术，因特网自然也不例外。

阿帕网的一个关键点就是用一种新的方法将不同的局域网（LAN）和广域网（WAN）互联，成为因特网络（Internetwork），这也就是Internet的由来。这个互相连接的广域网络成了阿帕网的主干网。为了区分这个特殊的广域网和通常网络互联的概念，特将Internet的第一个字母i大写，这个规范一直沿用至今。刚开始时的阿帕网只限于研究用途，当作是分享稀少计算机资源的工具。20世纪70年代基于信息包交换技术的通讯协议（TCP/IP）研究成功，80年代以此为基础建立了因特网并转向民用，从此开辟了人类信息通信的新纪元。20世纪90年代多媒体技术、浏览器技术和超文本界面的结合促进了万维网的兴起，使因特网真正进入寻常百姓家。

1991年之前无论在美国还是在其他国家，因特网的连接和应用都被严格限制在科技和教育领域。因特网的开放性以及它具有的信息资源共享和交流能力，吸引了大量的用户，因特网的规模迅速扩大。它的应用领域也走向了多样化，除了科技和教育之外，因特网很快进入经济、新闻、体育、娱乐、商业以及服务业。从应用角度来看，互联网的发展重心已经历了三个阶段：第一阶段是电子邮件阶段，这个阶段从20世纪70年代开始，通信量平均以每年几倍的速度增长；第二阶段是信息发布阶段，从

1995年起，以Web（全球广域网）技术为代表的信息发布系统爆炸式崛起，成为互联网在目前的主要应用；第三阶段便进入了电子商务（EC）阶段，虽然只发展了三四年，却风起云涌，势不可当。

我们国家联网的时间较晚，但是发展比较迅速。据2018年1月31日中国互联网络信息中心（CNNIC）公布的统计数据显示，截至2017年12月，我国网民规模已达7.72亿人，全年共计新增网民4074万人。互联网普及率为55.8%，较2016年年底提升2.6个百分点。截至2017年12月，我国手机网民规模达7.53亿人，网民中使用手机上网的占比由2016年的95.1%提升至97.5%，网民手机上网比例继续攀升。2017年，中国网民的人均周上网时长为27小时，相比2016年提高0.6小时。截至2017年12月，国内网站数量超过533万个，年增长率为10.6%；我国共有域名数为3848万个，其中GOV.CN域名为47941个，经新浪平台认证的政务机构微博达到134827个，各级党政机关开通政务头条号账号70894个；IPV4（互联网协议第四版）地址使用数量达到了3.39亿个；在整体互联网产业发展方面，我国境内外互联网上市企业总数为102家，较上年增长12%，上市企业总体市值为8.97万亿元人民币，较2016年增长66.1%。[①]中国已经建成四大骨干网络：中国科技网（www.cstnet.net.cn）、中国公用计算机因特网（www.chinanet.cn）、国家教委因特网（www.edu.cn）、金桥信息网（www.gb.com.cn）。

网络是社会生活、现实生产力发展的产物，它的出现标志着人类即将进入网络时代，网络正逐步渗透到社会生活的方方面面，对社会生活产生着日益广泛而又深刻的影响。在网络时代，网络既体现为一整套信息技术设施和技术规则的集合体，也体现为一种社会文化建构的产物；网络不仅为人类提供了一种先进的信息传输手段和开放式的信息交往平台，也提供了一种独特的社会人文生活空间。[②]网络技术的不断发展必将推动社会网络环境和人们网络意识的形成，网络的出现不仅成为了人们社会生活的新工具，提升人们的生活质量和工作效率，而且本身将成为人类的一种生

① 黄抗生，任涛. 互联网促进中国发展［EB/OL］. http://www.people.com.cn/GB/it/2240032.html，2003-12-11.

② 万林艳. 网络时代的人与文化［D］. 北京：中国人民大学，2004.

存方式。因特网改变了人们的生活、工作和思维方式，它已经从最初的辅助性工具开始逐渐成为很多人日常生活、工作和学习中的重要组成部分。

网络的出现代表了一种新的信息技术范式[①]的出现，它是我们识别网络社会的指南。其基本特性如下：第一，信息是信息技术的原料。信息技术是处理信息的技术，而不仅是处理技术的信息。第二，新技术效果无处不在。信息是所有人类活动的一部分，所有活动过程都直接受到新技术的“塑造”。第三，新技术应用了网络化逻辑。网络的形态似乎能够良好适应日益复杂的互动，以及源自这种互动的创造性力量的不可预料性。第四，信息技术范式以弹性为基础。信息技术范式具有重新构造能力的弹性空间，既可以代表一种解放力量，也可能是一种压制趋向。第五，特定的技术逐渐聚合为高度整合的系统。信息技术整合了原本有所分别的旧技术领域，因为它们之间有着共同的信息产生逻辑。[②]信息技术范式的出现标志着一种全新技术视野的成型，它是我们对网络空间加以理论演绎的一个基本参照系。

接下来，我们需要从各种维度对网络进行哲学的批判和审视，首先映入眼帘的是网络的技术构成。

（二）网络的技术构成

1. 关于网络的隐喻

在展开对网络技术层面的深度分析之前，先来看有关网络的几个隐喻：

一是生物系统。格罗莫夫（Gregory Gromov）认为：网络本身是一

① “范式”（paradigm）的概念由库恩（T.Kuhn）在1962年出版的《科学革命的结构》一书中提出。简而言之，范式就是方法上的模型或框架，范式转换意味着观察事物的新方式的出现。参见库恩：《科学革命的结构》，上海译文出版社1988年版。“paradigm”的希腊文原意是“共同显示”，在库恩那里是作为科学共同体成员所“共同具有的东西”而出现的。范式构成了制约成员之间话语、交往与研究活动的共同情景，不同的范式代表着不同的语境和意义建构方式，从而也就体现了不同的世界观。因此“科学的”世界图景并非对实在世界的表达，而是出于研究者们的主体间约定。网络带来了新的技术范式的出现，这种技术范式适应于新的信息技术革命的内涵，因而要和此前的技术革命比如工业革命区分开来。

② ［西］曼纽尔·卡斯特.网络社会的崛起［M］.夏铸九，王志弘，等，译.北京：社会科学文献出版社，2001：83–86.

个计算机科学概念，因特网既是计算机科学概念也是生物学概念，而web（原意是蜘蛛网）则不是一个计算机的概念，它是一个语言学概念。作为计算机科学概念的“网络”是一群单机之间的技术连接，而信息流动的范围则通过这种连接从单机扩张到机群，即便是这样简单的连接也具有潜在的“生物学”意义。[①]如果把因特网当作生物系统，就觉得容易理解了。每个细胞或功能单元在不断地从事自己的工作，同时保持和其他细胞（或者说别的单元里的计算机）的联系。正如体内没有一个细胞会跟踪其他细胞一样，也没有计算机会知道究竟有多少个计算机或计算机系统连在这个网上，同时，其他计算机从网上脱离开后也就不是网络的一部分了。

二是运输系统。可以把因特网看作高速公路，当作纵横交错覆盖全世界的整个运输系统。不要把因特网看成是只有有限入口的一条高速公路，而应看成是高速公路网。每条高速公路干道拥有许多支路，每条支路又连接许多高速干道。如果说因特网是一个高速公路系统，那么汽车就是信息的载体，停车场就是信息仓库。

三是中转平台。就是把网络视为一个计算和通讯信息流动的数字平台，起到一个基础性的运转中枢作用。网络就是一个广延意义上的信息容器，在这里信息像货物一样既有“卸载”也有“上装”，所谓“卸载”意味着从因特网系统中复制数据到PC（个人电脑)上，“上装”则意味着从PC中复制数据到因特网系统中。

很显然，这几种隐喻都是侧重于技术角度的，技术视域的理论起点是人与技术之间的互动关系，即技术主体和技术客体之间的互动关系，主要是实践关系。

从主体角度来看主格意义上的技术，技术是现代社会人的重要实践形式和存在方式。以技术为动力的人类实践的内在本质是发生对象性关系的双向对象化过程，意即实践的主体和实践的客体双向的相互转化和相互创造过程，是客体的主体化和主体的客体化的统一。

从客体角度来看宾格意义上的技术，技术是由内含复杂因素的整合系统构成的。技术哲学家卡尔·米切姆（Carl Mitcham）认为，技术由以

① 汪丁丁．自由人的自由联合［M］．厦门：鹭江出版社，2000：9–10.

下四类要素互动整合而成：一是作为对象（人工物）的技术，包括装置、工具、机器、人工制品等要素；二是作为知识的技术，包括技艺、规则、技术理论等要素；三是作为活动的技术，包括制作、发明、设计、制造、操作、维护、使用等要素；四是作为意志的技术，包括意愿、倾向、动机、欲望、意向和选择等要素。任何技术都无疑包含这四类要素，它们其实是不可分割地存在于技术之中的。[①]前两者是宾格意义上的技术，后者是主格意义上的技术。网络并不仅仅是计算机之间的机械连接，其中还蕴含着计算机理论知识等知识形态的技术，制造工艺、操作技艺等技术活动，以及对上网效果的要求等意志表现。

如何追问技术涉及两个问题，一个是“技术的问题”（question of technology），另一个是“与技术物有关的问题”（question of something related to technology）。这两种问题的区分与罗蒂在《哲学与自然之镜》中谈论的“refer”和“talking about”的区别有类似之处。前者的技术追问是讨论技术的本质如何，后者的技术追问实际上是为技术的探讨划定界限。现代技术的巨大威力给人们的生活带来了诸多抽象化的影响，造就了许多抽象的符号体系。如何剥离和悬搁各种未经省察的抽象符号体系去还原技术的本质，是摆在我们面前的首要问题。

就网络技术而言，它以电子计算机和现代通信技术为两大技术杠杆，涉及许多相关技术和其他科学话语的理论侵蚀。在此纠缠于与技术有关的东西的无约束谈论反而使对技术的追问成为不可能，因此，我们从技术视域分析网络首要的落脚点是其技术构成，网络技术构成包括网络技术主体、网络技术客体以及网络技术中介。

2．网络技术主体

网络技术主体就是网络技术的研制者、开发者、应用者以及管理者，包括个人和群体（大大小小的各种社群）。网络技术主体通过技术中介和外部世界发生关系，外部世界有两个部分：对于特定的人而言的外部事物和人本身。外部事物包括自然物、社会存在、他人等；人本身是人反

① ［美］卡尔·米切姆．通过技术思考［M］．陈凡，秦书生，译．沈阳：辽宁人民出版社，2008.

思的对象。网络技术主体施加于网络技术的控制元件是其认识、情感和意志等精神性因素以及实质性物质实践活动因素，他们从主体性的前建构立场出发而对强加在技术上的目的的利用和控制一直进行着随时性的评价和修正，使之运行在合乎自身目的的轨道上。网络技术的发展总是面临相对于满足人的需要的技术能力的限制，因此突破限制的需要是网络技术进步的动力，而网络技术的进步又带来更新的技术需要，由此形成不断前进的网络技术螺旋。网络技术主体对世界的反思受制于他们实际地位，这些不同层级的主体处于网络技术权力结构的不同位阶上，构成实质作用不同的技术螺旋体系，从而发生性质各异的网络互动乃至冲突。网络管理者和一般网络应用者分别位于网络技术螺旋体系的两极，由于内在利益关系和权力归属的不一致，他们之间既有合作也有潜在的冲突。

3. 网络技术客体

网络技术客体就是指与通信技术和电脑技术相关的系统整体，其整体结构由网络节点（可分为端节点和转发节点）和通信链路（可分为骨干网和支网）组成。节点是指组成网络的各种计算机，其系统构成包括实体、系统、层和协议四个要素。实体是指能够实现某一特定功能的程序；系统是指运行实体的具有信息处理和通信功能的物理整体；层是指在系统中能提供某一类服务功能的逻辑构造；协议是指在系统中两实体间完成通信或服务所必须遵循的规则和约定。系统和实体就是我们通常所说的硬件和软件。层和协议实际上是硬件和软件的连接“接口”。通过层和协议，软件顺利进入计算机，并通过计算机发挥各种不同的功能，所以可以把层和协议从网络技术客体中分离出来而称为网络技术中介。网络技术中介实际上也是网络客体的一部分，在此只是为了强调其功能和方便理论分析而加以抽离。

计算机系统的主要构成因素就是指硬件和软件两大部分。硬件是由运算器、存贮器、控制器、输入和输出装置构成的，也就是通常所说的主机和外部设备，即系统的机器部分。硬件代表了计算机发展的技术水准，所谓计算机领域的三次浪潮主要是指计算机硬件的发展：第一次浪潮，以主机为中心，以信息处理为关键，主机能够进行快速复杂的计算。第二次浪潮，以PC机为中心，以信息的获取为标志，可以运用个人的台式计算机进行运算并得出分析结果。第三次浪潮，以网络计算机（Network PC，简称NC）为中心，以因特网（Internet）为代表，将所有的计算机连成一体，通过一台机器可以了解和运用其他众人的信息。

而软件是指为方便用户的使用和提高机器的使用效率，而提供的各种算法语言、编译程序、操作系统、应用程序等。前三种软件侧重于技术本身，目的是让机器完成各种信息处理和后台操作。应用软件又可称之为社会软件，因为其目的不再是让机器完成文档处理或者获取信息，而主要是为了与网络中的人（而不是机器）进行对话。目前，因特网上应用较为普遍的应用软件主要有万维网、电子邮件(E－mail)、文件传输(FTP)、新闻组(News Group)、电子公告板(BBS)、聊天室（IRC）、在线游戏（Online Game）等。

电子邮件，属于网络的杀手级应用（killer application），是应用于因特网上的最广泛、最受欢迎的网络功能。电子邮件来源于专有电子邮件系统。早在因特网流行以前，电子邮件就已经存在了，是在主机——多终端的主从式体系中从一台计算机终端向另一计算机终端传送文本信息的相对简单的方法中发展起来的。电子邮件的申请没有名称的限制，所以这项可以随意匿名申请的服务，既能实现快捷通信需要，也能保证匿名通信功能；既能一对一通信，也能一对多通信。无论是对电子邮件的重度使用者，还是电子邮件的轻度使用者来说，电子邮件都满足了网络使用者快速、安全地进行异地通信的需要。

万维网是我们最为熟悉的因特网应用形式。首先，万维网是一种客户/服务器（C/S）结构的交互式自动信息检索系统，客户机和服务器使用共同的浏览器软件。用户（客户）可以设定检索方式，通过浏览器到万维网服务器上查找合乎需要的信息。其次，万维网使用超文本（hypertext）格式显示信息。所谓超文本格式就是将文字、表格、声音、图像甚至影像等多媒体信息组合起来，并在有关联的信息之间建立联想式的多媒体超级链接（multimedia hyperlinks）。超文本的信息链接是无穷的，每个网页都辐射着无数的信息源，以此构成一个巨大的虚拟信息海洋，我们通过点击、搜索和链接进行网络冲浪。

BBS是英文Bulletin Board System的缩写，中文翻译成为电子公告板。它是指用电子手段制作出一个公用环境，人们可以把任何想要传递和交流的信息放在上面，通过网络广而告之。BBS最重要的功能仍然是作为用户发表观点的论坛，核心内容就是交流。这种双向的交流，最大限度地发生在用户与用户之间。BBS站按其内容可分为政治性的（由政党、政府的媒体机构主办，如人民网、新华网等BBS站）、商业性的（由商业机构主办，如新浪、搜狐等BBS站）和业余性的（如千龙网、西祠网等BBS站），每个BBS站又可分为许多主题论坛。BBS上发表的言论具有广泛性（是由言论发表对象众多、主题广泛和发表数量众多等决定的）、自由性（是由网络社会的平等性和主题的随意性决定的），甚至不负责任性（是由言论传播对象的不确定性和传播的责任控制决定的）等特点。BBS言论一般分为两种，一种是浅帖，另一种是深帖。所谓的浅帖就是跟随者比较少的帖子，一般是浅层次的问题或者是个体问题。这类言论的提出一般是层次相对低的网民的一个看法和观点，或者虽然是深层次的问题，但感兴趣的人比较少，这样的言论在BBS中占大多数。而所谓的深帖则是跟随者比较多的帖子，这样的帖子往往作者对观点的阐述比较深刻，观点独特，或是虽然观点是单一的，但事件本身具有一定的可议性，因而跟随者比较多。

聊天室的实质就是实时一对一、一对多或多对多的匿名交谈。现在由于宽带的限制（又涉及技术因素），网上聊天主要不是通过口头语言而是通过书面语言来进行的（当然，随着网络技术的发展，网上的口头交流将会得到普及）。聊天室的设置有两类，一是按主题分的，二是按参与者分的，主题类聊天室给出了话题范围，参与者类聊天室划出了参与者范围。网络聊天者一般是通过虚拟身份进行匿名的符号互动，隐身的网民变成了一个纯粹的、能动的符号，网民之间的聊天成了符号与符号之间的对话。

网络游戏[①]以MUDs（Multiple Use Dimension/Dungeon/Dialogue，译

① 网络游戏的出现改变了传统的游戏规则。首先，拓展了游戏的新领域；其次，游戏者必须借助人机界面，通过电子替身间接参与游戏；再次，创造了新的虚拟环境、道具和规则；最后，游戏脚本起到基础作用。

为多用户地牢，也有人戏称为“泥巴”）[①]为代表，它是一种实时的在线多人虚幻角色扮演游戏。它以文字的方式提供一个虚拟场景，登录到服务器上后通过发出相应的文字指令在其中移动探险，服务器会根据相应的场景提示此处的名称、出口方位、人物情况和物品情况等。在某些房间或地点会有其他的人物或者动物，彼此可以用文字交谈。MUDs里的游戏玩家的身份并不被现实所束缚，游戏角色的构成是复杂的，大多是印象鲜明的脸谱式人物，也有魔幻式的虚构重叠角色。角色的身份（Identity）是在交往中具体地建构着的，在具体的相互关系中获得自身的意义。MUDs游戏被分成许多虚拟的空间以便在一个空间的人或物不会影响到另一个空间的人或物。游戏所有的交互内容以文字出现，没有图片或声音，实物、空间和人物的组合可以由简单的命令来完成，而且MUDs中没有任何事先确定的叙事线索，情节和语境完全是在参与者的实时互动中展现。

4．网络技术中介

网络技术中介是用来连接软件和硬件的电脑中介，既有软件特性，也有硬件特性，最主要的是网络协议。Internet词语由“Interconnection”（国际间互联）和“Network”组合而成，意思是将不同类型、不同技术条件的电子计算机群有机地结合在一起，使它们协作互联、融为一体。这里所说的“协作互联”，靠的是“协议”(规程)这条电子纽带。就这个意义上说，没有协议，也就没有国际计算机互联网络。“协议”有许多种类，国际计算机互联网络采用的是TCP/IP标准协议。1972年，第一届国际计算机通信会议就不同计算机和网间的通信协议达成一致，并于1974年诞生了两个基本协议，即传输控制协议(Transmission Control Protocol，TCP)和网络层协议(Internet Protocol，IP)。前者是联网的不同型号的电脑共同遵循的标准，保证所有的数据能完完全全到达目的地。后者则是因特网协议，给每一台电脑一个独一无二的地址。两个协议规范了网络上所

① 国外的MUDs通常以城堡探险和虚拟社交为主，国内则以江湖武侠题材（多以金庸的作品为蓝本，如《侠客行》《天龙八部》和《笑傲江湖》等）为主。有些MUDs提供网页方式登录，此时超文本便很容易地与多媒体结成为超媒体，使文本叙事演变成声像并茂的图形形式游戏。

有通信设备之间的数据往来格式及传送方法。所有连接在网络上的计算机，只要各自遵照这个协议，就能通过网络传送以数字形式存在的文件和命令。TCP/IP协议最终成为计算机网络互联的核心技术。

（三）网络技术与网络空间

美国麻省理工学院多媒体实验室主任尼古拉·尼葛洛庞帝（Nicholas Negroponte）曾说过，预测未来的最好办法就是把它创造出来。界定因特网的技术作用的唯一方法是创造出因特网，并让参与建立电子世界的各种关系全部显现。一是建构网络，分析网络成形的路径；二是肢解网络，梳理网络中的关系。

建构网络的过程实际上就是网络主体通过信息中介和电脑进行互动的结果。“互动”的基本含义是“共同作用以相互影响的状态或行为”，它的主体和客体为同一领域、同一系统或同一概念下的多个不同事物。这里的互动包括人机互动（Human–Computer Interaction）和社会互动（Social Interaction）两个方面。网络不是静止已存的现成物，它的本质就体现在人与机器以及人与人之间的互动过程之中。

1. 网络空间是人机互动的产物

人机互动是指用户与计算机系统之间的通信，它是人与计算机之间各种符号和动作的双向信息交换。这里的“互动”被定义为一种双向的信息交换：一是信息输入，二是信息输出。信息输入就是由人向计算机输入信息，信息输出就是由计算机向用户反馈信息。这种信息交换的形式由上网活动和网络符号组成，上网活动有三种基本类型：浏览（browse，包括漫游和搜索等）、写作（compose，包括编程和发帖等）和游戏（game，包括闲聊和对战等）。网络符号包括诉诸感官的图像和声音等具象符号，以及诉诸理性的文字等抽象符号。

单纯从用户和电脑之间的技术而言，人机互动可以概括为三个技术环节：互动技术（interaction techniques）、虚拟环境系统（VE system）和呈现设备（display device）。互动技术用于处理输入设备捕捉到的各种活动信号，并将之转换为相应的电脑指令，虚拟环境系统对电脑指令作出后台回应，最后由呈现设备通过屏幕传递给用户。

但是，一个具体完整的人机互动的动态结构因素除了互相遭际的用户和电脑双方外，还得有双方共同致力的目标，目标是电脑和用户形成合力的方向，因此互动过程就变成人—机—目标三者的互动过程，上网就成了用户利用电脑达成目的的行为和过程。目标本身既可能是外在的，也可能是内在的。外在目标仅仅将用户和电脑作为达成目的的工具和手段，其互动结构是金字塔型，电脑和用户共同指向目标；内在目标就是说上网本身就是目标，其互动结构是平行四边形，用户、电脑和作为对角线的目标共同指向一处。

由此观之，所谓人机互动的网络空间，主要是在三种意义上说的：第一，作为网络空间物质载体的电脑网络；第二，网络空间中流动的信息内容；第三，利用网络空间技术的上网行为。这种三分法类似于波普尔的“三个世界”理论。波普尔在《客观世界》（1972）一书中提出“三个世界”理论：物理世界为“世界1”，包括物理对象与状态；精神世界为“世界2”，包括心理素质、意识状态和主观经验；“世界3”指精神活动的产物，即思想内容的世界或客观意义上的观念的世界，包括知识、制度、艺术作品等。波普尔尤其看重“世界3”问题，认为世界3并非虚构而有其实在性，三个世界直接或间接地发生着相互之间的联系。若以波普尔的“世界3”理论来解读网络空间，会发现二者之间存在着理论解说角度的契合。电脑网络属于世界1，上网行为蕴含着世界2的内容，信息内容属于世界3。

从外在意义上看，网络空间的外显形态表现为一个以电脑为基本单位的电脑社群（computer community）；从结构上说，网络能够称得上是具有结构的组织里最不具结构性的组织。乔治·吉尔德（George Gilder）曾将作为网络最小单位的每一台个人电脑称为“微观宇宙”（microcosm），将由无数个电脑互联、互通所编织成的网络称为“遥观宇宙”（telecosm）。[①]因特网进出路径分散的无中心结构得到了充分的技术支持，由“微观宇宙”进入的“遥观宇宙”似乎是一个自由出入的空间。

① 吴伯凡．孤独的狂欢：数字时代的交往［M］．北京：中国人民大学出版社，1998：207.

这个组织中的电脑软件（程序代码）和虚拟现实（符号）作为一种新的存在形式，已能够直接驱动物理世界中的事件而无须人的干预。由此可以看出，因特网不仅是“技术性的”而且还是准机器性的：构筑人类与机器之间的边界，让技术更吸引人类，把技术转化成“用剩的设备”而把人转化为“半机械人”（cyborg），转化为与机器唇齿相依的人。[①]机械的意义不在于机械本身，而在于机械如何为人类所使用。假如认为技术是生物性的作为人类身体器官的某种延伸的话，那么人类的身体就会因为网络的配置而发生变异；如果人与机器的结合体正在形成某种新型的单元，那么，这种身体与机器组织的集合必将放大和引申出种种变异，这种变异既可能是自由的，也可能是不自由的。

网络所提供的自由是以享有某些技术社会条件为前提的。“当网络互联或网民入网时，便主要以个体合意作为最基本的运作原则，以接受预先设定的条件作为主要操作内容。”[②]这些条件既是技术的，也是社会的；既是主体方面的，也是客体方面的，二者往往连在一起，很难单独区分出来。主体方面的条件是指向技术的社会性的条件，比如用户必须掌握一定的电脑网络知识才能上网。客体方面的条件主要是指向技术的技术性条件。作为客体的电脑存在着由外在于人的实践视域之内进入人的实践视域之内的形态转换，前者可称为上手状态，后者可称为在手状态。海德格尔认为，客体存在着从上手状态到在手状态模型的转换。在第一种模型中，客体是非反思性的是其所是，我们不可能将它作为“操持物”来思考。在上手状态中它们是处于控制之中，在在手状态中它们是处于失控状态之中。[③]电脑在我们未使用之前是我们的对象化思考的目标，而一旦使用后我们就和电脑融为一体了，这个时候我们可以说电脑从视野中“退场”(withdraw)了，它成了知觉的方式而不是知觉的对象。

顺此思路，从技术现象学的角度来看人与技术之间的关系，美国技术

---

① ［美］马克·波斯特．第二媒介时代［M］．范静哗，译．南京：南京大学出版社，2000：52–53.

② 张新华．信息安全：威胁与战略［M］．上海：上海人民出版社，2003：257.

③ ［德］海德格尔．存在与时间［M］．陈嘉映，王庆节，译．北京：生活·读书·新知三联书店，2006：81–84.

哲学家伊德认为存在四重关系：①体现关系（embodiment relations），图示为:（人类—技术）→世界。体现关系中的技术是从人的感官延伸意义上而言的，我们是通过感官接触技术，通过技术来感知外部世界，人的目的选择和技术功能的契合使得进入感官的某些现象得以放大，从而使相应的器官功能得以强化和延伸，同时减弱了技术物和其他现象的存在力度。如利用望远镜时，我们注意的是望远镜延伸眼睛的功能，却忽略了望远镜本身。②解释学关系（hermeneutic relations），图示为：人类→（技术—世界），人通过一定科学语言的解释来了解技术与世界之间的关系。③背景关系（background relations），图示为：人类（—技术/世界），它是一种在技术之中的关系，越来越多的人类技术呈现出鲜明的机器背景特征，人类处处被技术人造物包围着，好像生活在一个“技术茧”中。在这种关系中，技术不处于主要的位置，而是作为一种背景在做它们自己的事，人类与技术之间是一种瞬间性的操作关系，人类生活在机器之中，却常常忽视它们的存在。④他者关系（alterity relations），图示为：人类→技术（世界），技术在使用中成为一个完全独立于人类的存在物，技术成为一个他者。各种自动装置就是这种关系的代表，其特点是能够进行决策和自动控制。[①]

根据上述范式，电脑网络对当下网络主体来说意味着四重意义上的自我建构：在体现关系层面上，电脑的主机硬件构成类似于人的各种器官集合，电脑对知觉（屏幕音箱）、记忆（内存磁盘）、联想（网络链接）和肢体（键盘鼠标）的延伸，无疑构成了电脑所表征的类生物式生态平衡；在解释学关系层面，人必须通过阅读各种文本间接转译文本的含义来获得个性化的理解；在他者关系层面上，各种虚拟场景中的游戏无疑满足了人的欲望投射；在背景层面上，电脑无疑成了“网络世代”（Net Generation）最显著的身份标志。所以说，特克尔在《屏幕生活》中认为，电脑便是“第二自我”，人们在电脑中建构了自我的映像，并试图通过电脑的运行模式来更好地理解自我的心灵。

世界之所以成为一个形象和人之所以成为存在者中间的一个主体是同一回事，两个过程是缠在一起的，海德格尔曾说过：“世界愈益成为一

① 曹继东．伊德技术哲学解析［M］．沈阳：东北大学出版社，2013:15–30.

个形象，人便愈益坚持自己是主体；世界愈益广泛和彻底地可作为被征服者被利用、愈益客观地呈现为对象，人便愈益主观起来，即愈益坚持己见，对世界的反思、世界的理论便愈益变成人的理论，变成人类学。”①人们使用网络期望获得的是自由和民主，然而得到的往往却是奴役和控制；网络不断为我们开辟新的活动领域，然后将其画地为牢。并且网络带来的自由和控制几乎是同时发生的，自由和控制均与网络的技术特征密不可分，这就要求我们必须在双重视域中考察电脑网络的意义。人机互动是一种在后现代社会时空架构中展开的社会行为，多发生在主客交汇的边界。人机互动交汇的窗口是“界面”（interface，直译为“互相照面”），界面充当了输出与输入信息的共同显示空间：一边是牛顿式物理空间，一边是数字式虚拟空间。我们面对电脑窗口的时候窗口也会锁定我们，电脑界面就是我们和电脑交汇的地方，我们从界面这个镜子中发现自己的镜像，我们和他人都是通过电脑屏幕界面来互相照面的，“当我们觉得正穿过界面转移到一种有其自身维度和规则、相对独立的世界的时候，我们便是住在网络空间里了。我们越是使自己习惯于界面，我们越是在网络空间里住得惯”②。但在他人隐身的情况下，我所面对的只有屏幕本身，我和屏幕的对视决定着我现时的行为方式和思维方式：电脑以其非物质性物化我自身，我在这种非物质性中显现自身的思想。现在的电脑技术的进步使得所见即所得已成为现实，我的想法可以很快形成文字显示在屏幕上，他人的说法也会通过屏幕传递过来，这样我们的想法就外化为屏幕上的文字和图像，整个过程仿佛是机器本身在操纵着什么。电脑屏幕为我们打开了一扇观察世界的窗口，为我们展现了无穷的可能性，但是当我们察觉自己一对多的网络交流面临的是同样的一扇窗口，互相之间必须通过电脑网络“现身”时，那么，我们会意识到电脑窗口隐藏的威权，从而我们之间互动对话的主体性似乎也受到了机器的消解。

---

① ［德］海德格尔．海德格尔选集（下）［M］．金吾伦，刘钢，译．上海：上海科技教育出版社，2000：79–80.

② ［美］迈克尔·海姆．从界面到网络空间：虚拟实在的形而上学［M］．金吾伦，刘钢，译．上海：上海科技教育出版社，2000：79–80.

2．网络空间也是人际互动的产物

网络所代表的数字化生存已经成为人类无法选择的生活方式，就像我们只能接受计算机成为人类生活中必不可缺的一部分一样。人这种存在物在网络中是以共在的方式存在的，网络中介的背后是我和他人的共同作用。在网络空间中，每个落网者都是互相呼应的：我的存在是独特的，同时我的独特也表明了他人存在的现实性，我和他人是相对而存在的。没有独特性，我不存在；没有他人，我没有独特性。从而我的存在不是限定的固定物，而是向着为我而生存在的。海德格尔认为，“这些在周围世界上手的用具联络中如此‘照面’的他人不能简单地被联想到一个首先只是现成的物上去，这些‘物件’是从这样一个世界方面来照面的”[①]。也就是说，我们在通过网络建构自我的时候，是从大家共同在场这样“一个世界方式”来进行的。

海德格尔认为应用“此在”这个术语来表示人（Mensch）这种存在者[②]。人作为“此在”是一种存在者，而且是一种与众不同的存在者：这个存在者在它的存在中是为它的存在本身而存在的，它的存在是随着它的存在并通过它的存在而对它本身开展出来的。对存在的领悟本身就是存在的存在规定性。“此在”具有两个属性：一是在于它的“去存在”，“此在”的本质在于它的生存；二是“此在”总是我的存在，换言之，“此在”具有“向我来属性”的特征，“此在”就是我一向所是的那个存在者。

对“此在”的理解不是传统认识论意义上的反思性的自身认识，而是在物之中的自身的敞开，由此主体与其世界的意向构造关系被转换成“此在”与其周围世界的烦的关系：人是从他所操持和烦忙的东西出发来理解他自己和他的生存。实际的“此在”是从日常烦忙的事物出发理解自身、理解自己。由此可以看出，“此在”在存在原则上是一种“在之中”：首先是指在最切近的事物之中，即所有那些我们与之有关的周围事物。此在与周围事物始终处于一种相互规定的关系之中，不断超出原有的事物联

① ［德］海德格尔．存在与时间［M］．第2版．陈嘉映，等，译．北京：生活・读书・新知三联书店，1999：145.

② ［德］海德格尔．存在与时间［M］．第2版．陈嘉映，王庆节，等，译．北京：生活・读书・新知三联书店，1999：11.

系而扩大到世界之中，从而人的“在物之中”存在就变为“在世之中”存在。[①]“‘在之中’不意味着现成的东西在空间上‘一个在一个之中’”，“反之，‘在之中’意指此在的一种存在建构。”[②]

因此，人和世界不是现成的东西，人的存在首先就意味着人通过活动与其他事物“遭际”，把与己相关的其他事物作为“用具”构成自己的生存“世界”；世界也因之成为一个使万物容身并且如其本然地显现、存在的世界。在这种在者的“敞开”状态之中，主体的存在自始至终都是一种“共在”，也即自我、他人、社会、自然、世界是相互开放着的相互生成。他人存在于我的世界中，他人在整体上不仅像其他客体位于其他客体之中，而且还进一步赋予了一种在本质上与我一样的意识。他人与我是共在的，这种共在代表一种完整的对称关系和互换关系：我和你所看到的对象对于你我来说是相同的。存在的意义是在“在世之在”的境域中展开的“游戏”中生成的。

我们都是网络狂欢游戏的参与者。在网络活动中每个人的游戏就是使他人参加游戏，使他人成为游戏的参与者，共同组成游戏的世界，也使世界成为一场游戏。我们自身清楚参与游戏的性质：自由地进出。摒除了上网的技术限制，我们的上网行为只在一念之间，在线和离线不过一瞬间。进出网络的行为活动构成了网民在网络空间最基本的实践样式。当然，网民在网络空间中的活动不是为活动而活动，活动的目的在活动背后。简言之，人的活动是为了一定的沟通需要。

就建立、维系和发展人际沟通关系而言，人有三种社会和心理需要：互动的需要、影响他人的需要和表达感情的需要。一个具有互动性的沟通必须具备三个条件：首先，信息必须是针对明确的对象而发出的；其次，在交换信息的同时，双方都应该按照对方的回应而随时调整其所传递的信息；最后，沟通的渠道必须是双向的，这样才能保持其顺畅性。网络最本质的特征就是交流与传播，人的三种沟通需要可以同时在网络上得到满足。

由于网络的虚拟性、仿真性和人工性特征，使得人际互动关系已不

① 倪梁康．自识与反思［M］．北京：商务印书馆，2002：466-503.

② ［德］海德格尔．存在与时间［M］．第 2 版．陈嘉映，等，译．北京：生活·读书·新知三联书店，1999：63.

再是简单的主客互动，而是一个意义世界符号化的建构过程。人“不再生活在一个单纯的物理宇宙之中，而是生活在一个符号宇宙之中”，“从某种意义上说，人是在不断地与自身打交道而不是在应付事物本身”①。“长久以来，个体是通过他与他者的关系，通过表明他和公共福利（家庭、忠诚、保护）的联系纽带而被证实的。尔后，他又为自己被迫讲述的与自己有关的真理话语所确证。”②在网络中每个网民都是共同在网者，这种共同不是时间上的同在，而是归属意义上的共在，由这种共在组成了一个特殊的“生活世界”。胡塞尔曾提出“生活世界”的概念，其含义有三：一是狭义的生活世界概念，指日常的、知觉地给予的世界，即日常生活世界；二是特殊的生活世界概念，指人们各自的实践活动领域所构成的特殊世界；三是广义的生活世界概念，指与人有关的一切世界。③网民的网际生活世界是符号化的特殊世界，这种符号世界往往是网民通过电脑以匿名、隐身的方式建构的，在网上我们只看到一个个相互交换的ID（账号），尽管ID后面隐藏着某个人，但是显现给我们的只能是屏幕上的一行行文字等显性符号。屏幕上显现的ID是真实的名字还是昵称，这不是我们所关心的对象，我们关心的是交互的沟通过程以及带来的体验。

每个网民在网络中都是戴着面具的演员，他们的网际沟通实际上就是角色扮演的过程。其角色扮演的动力有4种：首先，追求想象的满足感。维柯曾说过：“由于人类心灵的不确定性，每逢堕在无知的场合，人就把他自己当作权衡一切事物的标准。”④在网络中，由于网络的去中心化结构设计，网民在网上感到由衷的自由，没有“老大哥”式权威的压制和监视。当在网上冲浪的时候，搜索引擎使得信息唾手可得，一切皆在我的掌控之中。我所感到的只有教堂没有监狱。我可以随意上网，也可以一言不发就下线；可以在网上伺伏（lurk），也可以做个意见领袖去激扬文字。

① ［德］恩斯特·卡西尔．人论：人类文化哲学导引［M］．甘阳，译．上海：上海译文出版社，1986：33.

② 米歇尔·福柯．性经验史［M］．佘碧平，译．上海：上海人民出版社，2005：39.

③ 张庆熊．熊十力的新唯识论与胡塞尔的现象学［M］．上海：上海人民出版社，1995：119–121.

④ ［意］维柯．新科学［M］．朱光潜，译．北京：人民文学出版社，1987：98.

所有现实中不能满足的欲望都可以在网络中得到虚幻的满足，所有的不可能在这里变得可能起来。我们的一些想象在现实中根本没有实现的可能性（如长生不老），这些类似于方的、圆的幻象是以假的印记出现的。但是当我们就假论假时很容易“假作真时真亦假”，交谈的言论以假象为主体和焦点时，假的也会变成真的。网络提供了梦想成真的数字平台，墨菲法则[①]在这里体现得淋漓尽致。

其次，发泄现实挫折感。现实生活中每个人都承受着一些难以忍受的压力，这些压力大到一定的程度就会突破心理承受的临界点，对人的心理产生不良的影响。在网上我们百无禁忌，无视所有的规范和戒条，体会到侠士仗剑走江湖的快感。男女在网上可以互换性别，可以恶作剧一把，反正那不是我做的，那是我角色做的。这是一场假面舞会，你不可当真，一当真就上当了。

再次，追求集体认同感。黑格尔说：“不同他人发生关系的个人不是一个现实的人。”[②]人从本质上来看是社会性动物，人生活在人与人、群体与群体的交往之中，人的世界是一个交往的世界。“人是人的镜子，每个人都从他人身上看到自己，也从自己身上看到他人。在主体间的这种相互观照中，既确定了对于自身而言的自我的存在，同时也确认了他人的自我的存在。”[③]没有脱离开共在的独自存在，我和他人组成集体，“他人只能在一种共在中而且只能为一种共在而不在。独在是共在的一种残缺的样式，独在的可能性就是共在的证明”[④]。处在集体中以及暂时外在于集体的人都会寻求集体的认同，以满足马斯洛所说的归属与爱的需要。[⑤]在现实社会中有一些弱势群体处于被压制的地位，通过网络他们可以发出自己

① 所谓墨菲法则就是说，凡事可能出岔子，就一定会出岔子。

② ［德］黑格尔 . 法哲学原理［M］. 张企泰，等，译 . 北京：商务印书馆，1961：347.

③ 郭湛 . 论主体间性或交互主体性［J］. 中国人民大学学报，2001：3.

④ ［德］海德格尔 . 存在与时间［M］. 陈嘉映，等，译 . 北京：生活 • 读书 • 新知三联书店，1987：146–152.

⑤ 美国著名的人本主义心理学家马斯洛认为，人的一切行为都是由需要引起的，他在1943 年出版的《调动人的积极性的理论》一书中提出了著名的需要层次论。马斯洛把人的多种多样的需要由低层次到高层次归纳为五大类：一是生理需要；二是安全需要；三是归属与爱的需要；四是尊重的需要；五是自我实现的需要。

的声音，寻求道义支持和集体庇护，进而形成一个个因主题而设的电子社群。电子社群的成型在一定程度上摆脱了以往因血缘、业缘、地缘以及志缘而形成的各种群体，相当程度上是受趣缘的影响。各种边缘群体和亚文化人员都能在这种电子幻象的共和国中找到自己的同道人。

最后，发现理想的自我。现实社会中的每个人都在竭力表演着真诚，真诚和伪装的同一性在表演活动中达到一致，以至于我们看到的表现出来的真诚行为都是在观赏他人表演的真诚。当自己意识到自己在表演时，不得不继续表演下去以维持以往超我的表演形象。当本我和自我受到太多规范的压制时，它们和超我之间的精神张力就会突破心理底线。网络空间中用户在界面的屏蔽下可以免除他人目光的矮化作用，上网行为中身与心的相随使得自我的人格存在具有相当的统一性，现实社会中的许多制度和规范会暂时失去效力，网民较能顺心遂意地完成网际互动。因此，通过这种暂时的忘却和“自欺”，意识的焦虑会得到缓解和调节，甚至有时会发展出连自己都不知道的自我一面。

二、网络空间的技术特征

网络的出现带来了全新的技术图景，对这些技术图景我们可以近似地称其为网络的技术特征。

（一）视域融合的世界

法国社会学家埃吕尔认为，在20世纪“技术现象”已经成为世界上最重要的现象，它已经替代了资本在19世纪的统治地位。他说：“如果马克思在1940年还活在世界上的话，他不会再研究经济学或资本主义的结构，而是研究技术。”[①]可以说，20世纪后期最重要的技术现象就是网络，网络的出现标志着人类社会正在经历着从原子（atom）时代向比特（bit）时代或数字（digital）时代的变革，以网络为代表的信息技术革命深深影响了人类

① ［美］卡尔·米切姆.技术哲学概论［M］.殷登祥，等，译.天津：天津科学出版社，1999：35.

社会的方方面面。英国著名的科普专栏作家布赖恩·阿普亚德在他的成名作《理解现在——科学与现代人的灵魂》中有这样一段话："1609年，加利莱奥·伽利略使用一架望远镜观察月亮。这一时刻，对世界的意义如此重大，以至于人们将它与耶稣的诞生相提并论。从这一时刻，人类生活中的不可能成为可能。"①网络空间的出现改变了很多不可能，使人类的数字化生存成为可能。网络空间构成了网民数字化生存最切近的生活世界，尼葛洛庞帝甚至用了"沙皇退位，个人抬头"之类的煽情话语来说明数字化生存的四大特征——分散权力、全球化、追求和谐和赋予权力。②

雅虎公司前总裁杰夫里·马莱特说，互联网具有交互性、可测量性、全球化和可利用性的特点。这些特点都是建立在网络技术基础之上的，其技术建构的背后隐藏的是社会性的内涵和意义。网络空间的构成既有世界1和世界2的特性，同时也有世界3的特性。网络空间的出现改变了日常世界的一些特性，并加上一些新的色彩和印记。网络提供了一个充分意义上的虚拟世界，在网络空间中各种不同的互动参与者所构成的异质生活世界通过对话而达到"视域融合"，现实世界提供的参照系在此失去了其原有的作用。在人们相互交往时，现实社会中的那些各种各样、备受关注的特征，诸如性别、年龄、相貌、种族、宗教信仰、健康状况等自然和非自然的特征，在网络空间网民"共识"与"个识"的观点交会中悄悄遁世了。

网络首先是作为一个技术物而呈现在人们面前的。海德格尔认为可以把许多现有的技术解释集中在如下两个基本观点：一是技术是目的的手段；二是技术是人的行动。③他还把其中的第一个观点称为工具性的技术规定，把第二个观点称为人类学的技术规定。技术作为满足目的的手段是要靠行动来实现的，网络同样也作为满足人的目的的手段而出现在人们的视野中，只不过这种"呈现"行动带有许多新的特点。网络技术与人性的互动改变了原来的视点，呈现给人们一个带有诸多悖逆特征的变革世界。

---

① 陆群，敬革，玉梅．网络中国［M］．北京：兵器工业出版社，1997：3.

② ［美］尼葛洛庞帝．数字化生存［M］．胡泳，范海燕，译．海口：海南出版社，1996：269.

③ ［德］冈特·绍伊博尔德．海德格尔分析新时代的技术［M］．宋祖良，译．北京：中国社会科学出版社，1993：7.

1. 自我原点与去中心

网络上的行为都是以自我为原点的，网络空间的形成是以每个“我”为建构出发点的。加入或退出网络只在乎我的中意与否，而中意与否则取决于我的评价好坏。无论是网络社群的形成及延续、网络角色的划分及迁移，均有赖于“我”的意见反馈。对于自我来说，生物学上的人类世界被严格区分为两部分：邻居的世界和异类的世界。一个异类只能以三种能力中的一种进入物理学上的邻近范围：作为将要被抵抗或者被驱逐的敌人；或者作为一个被限制在特殊岗位上被承认的暂时过客；或者将要成为邻居，他必须要以邻居角色行事。[①]网络空间中互动的个人之间都是陌生人关系，失去了原来的熟人之间的联系和约束。所有他人的角色构成及其关系远近都是以自我为辐射点的：若是情投意合，天涯若比邻；若是龃龉睚眦，近邻变敌人。地理空间在这里不构成沟通的障碍，原有意义上的地缘、血缘以及业缘关系的标记和约束在这里荡然无存。

网络是去中心的空间，这源于网络的技术结构导致的人际互动结果。整个网络是不规则的平面结构，不存在中心控制点和中央控制，任何人只要具备一定的条件都能够发布和更正信息，而任何人在一定条件下也都能够读到它。网络空间具备了开放式参与（open participation）、结构一致（consensus building）、不存在层级制的中心控制节点等特性，每个网络自我都是网络中的一个节点。网络中的他人就是自我的代名词，在他人那里会发生自我身份的转化。每个自我主体性的高扬就相当于多个自我中心的建立，悖谬的是多中心的建立恰恰取消了中心的存在。独立性和多样性之间形成的动态平衡就成了均质化的过程，没人是绝对的中心。

2. 身份沟通的变动性和稳定性

网络交流方式划分为三种：以个人主页为代表的单向异步方式、以即时聊天为代表的实时口语式，以及以BBS为代表的社群交流。在网络上的沟通，不管是文字还是图像都属于符号的呈现，缺乏了声音、表情、肢体等较能表达情绪或隐含意义的沟通方式。前者是显性沟通，后者是隐性沟通。

① [英] 齐格蒙特·鲍曼. 后现代伦理学 [M]. 张成岗，译. 南京：江苏人民出版社，2003：177.

网络上的人际沟通一般是符号化意义上的沟通，电脑网络使人们可以暂时地抹除真实世界的外在标记，卸除既有身份与关系的束缚，在网上以一种新的自我呈现出来，与其他ID代号进行互动。网络视觉和听觉的缺失，造成网络的隐蔽性，处于匿名状态下人们的改头换面变成轻而易举的事情：每个代号背后随时更换着使用者，同时，每个人也随时更换着代号。网民可以自由地决定中止原来的关系网络，重新建立新的人际关系；也可以更换自己的网络形象，重新选择自己的交流伙伴。因为交流是在符号背后进行的，交际的双方看到的只是屏幕上的符号，这种匿名的互动为个人形象的变换提供了极大的弹性空间。

尽管在网上每个人都是通过虚拟化身的形式出现的，但是身份代号应用的固定化会逐渐形成每个代号所代表的身份认同与人格特质。戴森(Esther Dyson)认为，假名这一表述更符合网上人际关系的特点，她说："个人给自己取一个法定姓名以外的名字，凭此在网上建立起一个虚假的、但经久不变的身份"，这个身份就指假名（pseudonymity）。[①]而网络的人际关系便是一种基于假名的人际关系。每一个自我认同都必须经由与他人的互动过程，逐渐形成一个自圆其说的叙事，当我们在网络上长期使用同一个代号时，围绕着这个代号也会凝聚出一个人际关系的网络，慢慢的这个代号就像是我们在真实世界的外貌长相一样。长期戴着这张面具，也会自然而然地对这个网络上的化身产生认同，这个面具就因此成为我们自我认同的一部分。从他人的角度来看，这个化身也具有其人格特质（personality）。[②]

3．即时性与延异性[③]

网络空间的信息传递，采用"动态路径选择"即时传递的方式。网络通道中流动的信息以比特的形式以光速前进，信息的传递极为迅速快

① ［美］埃瑟·戴森．2.0版：数字化时代的生活设计［M］．胡泳，范海燕，译．海口：海南出版社，1998：315–316.

② 克尔．虚拟化身：网路世代的身份认同［M］．谭天，吴佳真，译．台北：远流出版社，1998：259.

③ 德里达发明了"延异"（differance）这一新词来概括文字以在场和不在场这一对立为基础的运动。根据他的解说，延异是差异、差异之踪迹的系统游戏，也是"间隔"的系统游戏，正是通过"间隔"，要素之间才相互联系起来。

捷。网络信息产生的同时可以即时为其他用户获得，网络信息的时效性非常强，时间的因素在这里变得可有可无。随着网络技术人性化界面的发展，所见即所得的效果表现得更为生动和鲜明。

同时，网络上信息的反馈通常不是立即性的，而是带有延异性。“延”就是时间性的“延滞”，“异”就是空间性的“异步”，“延异”就是说信息的传播过程具有一定的滞后性和异步性。一般来说，网上的信息传递最后都要转译为我们各自熟悉的母语，书面语言的文字在写作时至少要经过一定时间的间架组织和词语润色，然后在键盘上输入，传送到接收的另一方，对方经过理解后再输入他们的反馈意见。在这个过程中，诚如德里达所言：“作为文字的间隔是主体退席的过程，是主体成为无意识的过程。”①间隔的过程也就是链接的过程，因为有间隔，链接才成为必要；因为有链接，间隔才会变成暂时的阅读翻页。由于时间间隔的拉长和远距离的非现场感的减弱，许多第一时间的情绪性反应都被过滤掉了，通常文字带给我们的都是经过“冷处理”的理性响应。

4．信息交流的交互性与等级性

网络作为一种新型的交往媒介，改变了传统交往方式的单向性和异步性，而变成了交互的和同步的，个人与网络中的集体大众之间属于“公共场合”的双向联系，传统交往中的主客对立在这里变得界限模糊。网络空间为行为主体之间提供了一个对话和交流的社会合理化环境，只有在这种环境中才能实现交往行为的合理化和对等化。在这个理想化的言语情境中，“个体遵从对称的或平等的关系的‘真实性、正确性和真诚性’这三个‘普遍的有效性要求’，从而寻求共识”②。电脑网络形成的是一种“草根式”（grassroots）联结，这种草根式联结最大的特色就是，即使是位于社会网络中最底层或最边缘的人，也能与社会网络中其他位置上的人一样，拥有同等的机会陈述自己的意见。如此，交互和对等的交流与合作极大地调动了人们之间活动的主动性和创造性，“各种媒体可以把万维网打扮成一个精彩纷呈的交互活动场所，在那里我们有无限的选择……但我的

① ［法］德里达．论文字学［M］．汪克家，译．上海：上海译文出版社，1999：97.

② ［美］马克·波斯特．信息方式［M］．范静哗，译．北京：商务印书馆，2001：58.

交互定义不仅包括选择的能力，也包括创造的能力……我们应当不仅能与其他人相互交流，而且能与其他人一起创造。交互创造就是一起创造事物和解决问题的过程”①。

但是网络也不是远离纷繁世界的世外桃源，此中信息交流存在着等级落差。不必说各种网络社群和论坛的“斑竹”（即论坛版主的谐称）和“大虾”（指善用网络、具有一定网络技术的人，是“大侠”的谐音）持有把关人权限，就说个人之间的一对一的信息流通也会存在着信息的不对等。在网络上你永远不必担心别人会对你有任何成见。要改变人们认识你的方式很简单，因为他们所获得的一切信息都是你展现给他们的。我会在个人拥有的信息库里有选择地释放相应的信息给他人，当我以各种方式进入网络之后，我给予他人的信息都是我有意过滤过的，他们只能透过我给予他们的信息来了解我，无法从其他方面或通过其他人来对我做进一步的了解，而我不想让他们知道的部分，他们将永远无从知晓。

5．集块化与碎片化

在网上由于人们大多通过文字等符号进行交往，这种交往会排除一些外在的身份特征的干扰，很容易形成各式各样的网上社群。在各种论坛以及BBS中，网民自然会加入自己感兴趣的社群，愿意在自己中意的集体中获得认同，进而得到心理上的满足。网上个体的意见交汇大多是在文字的基础上形成的，只要有一定的文字修养和上网意愿，每个人都可以表达自己的看法，维系自己在网上的虚拟形象。而这些形象定位大多源于个人在一些特定主题上的发言，每个角色的区分实际上是在与同一社群的其他人的对比中确立起来的。社群成员的参与形成了集体的话语，集体倾向的广场效应往往会引导和吸引那些举棋不定的游移者加入到自己的行列中来，结果就是一种理想的话语环境的成型：一种以兴趣同质性为基础而形成的团体集块。

但是同时我们也要看到，社群成员的差异性和多样性是真实的存在

① ［英］蒂姆·伯纳斯·李，等．编织万维网：万维网之父谈万维网的原初设计与最终命运［M］．张宇，萧风，译．上海：上海译文出版社，1999：165.

样式，抽象意义上的理性人是没有存身之地的，网民注重的是实际意见的表达和真实感受的满足，在讨论时甚至并没有对固定社群的有意追求。中心事件才是他们关注的焦点，至于社群存在与否并不在考虑之列。在他们眼里，社群的存在只是解决问题的合宜工具而已，自身并没有加入某个社群的打算，自己偶然的驻足只是因为对相关问题感兴趣而已，问题一旦被解决，社群就面临着被解散的命运。

在线上的人际关系中，不仅每个网民相对于社群是原子式的存在，而且对每个人本身到底了解多少相关信息我们永远也不敢保障，常常映入眼帘的是对方的一管之见，我们也往往会认为是窥得了全豹。我们相信自己已经实现了对对方的全景式理解，但很有可能只是抓到了对方的一小块身份拼图。我们宁愿相信自己的理解是对的，但问题是我们可能不知道哪些拼图是假的，他到底是由多少块拼图构成，手头所能做的就是将手上现有的拼图拼成一块完整的图像。毕竟，网络人际关系是以局部人格的接触为主，容易导致个人流动多变的自我认同。就像一个演员在舞台上表演，每个观众看到的是不同的侧面，观众所得到的只是不全面的舞台假象，恰如柏拉图所说的洞穴假象。

总之，网络并不仅仅是一种纯粹的技术现实，它还给人类的整个社会实践的形式和内容带来了深刻的社会变革，给人们现实社会的各个领域带来了新的挑战和冲击。由于网络的技术社会双重性质，相应的社会反思也要求我们秉持双重视域的审视，所谓的正面挑战和负面冲击往往难以明晰区分，它们只是我们在一定事实基础上的不同价值的反思和评价。所以，本文的论述只是在不太严格的意义上区分这两个方面的影响，尽量在选取的特定理论视域内有所演绎。

（二）信息媒介的变革

歌德说过：“人类社会的基础是通信，人类文明的每一个阶段都受特定的通信媒介的支配，而且新的通信方式的兴起，必然会引起社会的和文化上的大变革。”[①]网络最明显的作用是作为信息传递的载体和中介，其他

① 冯建伟. 信息新论［M］. 北京：新华出版社，2001：57.

的一些工具性作用也是建立在网络的媒介[①]作用之上的。网络媒介的出现改变了传统信息媒介起作用的方式和传播的内容。同时我们也要看到，媒介即信息，媒介传播什么内容并不重要，重要的是媒介的性质所传送的信息。无论传递的信息具体内容如何，信息媒介本身就会给人类社会带来某种信息，并且媒介的变化也会带来相应的社会变革。

1. 信息概述

信息（information，或译为“资讯、讯息”）是研究信息科学的首要概念，也是网络媒介研究的出发点。

1948年，美国贝尔电话实验室的仙农发表了《通信的数学理论》，第一次用数学方法定义出“信息就是不定性的消除量”。但是这个定义是自然科学意义上的，并不能概括信息的全部内涵。信息的定义有二百多种，这些纷呈的定义的存在本身就说明对于信息是什么迄今尚无定论。正因为信息定义的难度极大，所以维纳曾经说过：“信息就是信息，不是物质也不是能量。”[②]这种说法从否定意义上给出了信息界定的范围，但是相对于定义的内涵和外延来说，这并不是个定义（定义不能语义重复，不能用否定句式），最多算是个描述性说明。维纳也曾试着给出信息的定义，他说：“信息是我们适应外部世界，并且使这种适应为外部世界所感到的过程中，同外部世界进行交换的内容的名称。”[③]维纳的信息定义涉及生物、机器和社会三个方面：生物信息大多是心理刺激（Stimuli）；机器信息即机器（如计算机）发出或处理的指令和数据；社会信息多系语言符号运载的消息和情报。这个定义给了我们有益的启示，可以认为不管是广义的还是狭义的定义，都可以归结为以下三点：一是信息是对客观世界中各种事物的变化和特征的反映；二是信息是客观事物之间相互作用和联系的表

① 所谓媒介，也称媒体，表示信息和传播的载体，人们日常使用的数字和文字，声像技术中的音乐、摄影、图形、图像、动画都可以称为媒体。媒介和媒体在英语中是同一个词，即“media”。汉语语境中的媒体更多情况下是指传播机器，而“媒介”的含义较为宽泛。将信息通过多种媒体表示出来的技术，就称为多媒体技术。本文主要用媒介来行文，对媒体和媒介不作过细区分。

② ［美］N. 维纳 . 控制论［M］. 第 2 版 . 郝季仁，译 . 北京：科学出版社，1963：133.

③ ［美］N. 维纳 . 维纳著作选［M］. 上海：上海译文出版社，1978：4.

征；三是信息是客观事物经过传递后的再现，这种再现不是物质上的再现，而是多方面信息的综合、分析和归纳。[①]

信息具有多方面的特征：无体积和重量；容易扩散和传递；具有依附性；具有共享性；具有可塑性和可变换性；信息与被观察的事物之间具有异步性；具有可传递性；同时具有时效性和非时效性；具有在一定程度上代替物质资源和劳力的作用；信息的贬值和信息污染；人脑是最重要的载体，也是信息最重要的生产者；信息饱和的问题；对信息的需求能刺激其他方面的需求。[②]其中信息的可传递性是其最重要的特征，其余的特征都建立在信息传递的基础之上。信息传递最根本的要求是真实性（fidelity），也就是在认知、选择和处理过程中信息的准确性。它常常取决于三个因素：一是信息传递过程中的噪声（noise）；二是信息传递过程中的损失（loss）；三是信息的扭曲（distortion）。[③]

可以从主客二元互动的角度对信息传递做多层次理解。客体（技术）意义上的信息传递就是指信息在一定媒介中以各种形式的信号传输。任何一种信息在媒介中传输的方式基本有两种，即模拟传输和数字传输，而且任何一种信息，既可以用模拟方式传输，也可以用数字方式传输；主客二元互动意义上的信息传递过程实际上是指互逆的两种信息源的运动。一种是主体信息向客体方向的运动，另一种是客体信息向主体方向的运动。这互逆的两种信息流的运动使客体和主体都会发生某种相应的变化。主体正是在客体信息作用引起的自身变化（生理结构、认识结构的变化）中完成对客体把握的认识过程的[④]；主体互动意义上的信息传递就是一个赋义和释义的过程，所谓赋义是指信源（个人或组织）从混乱的社会事件或事物中选择信息，进行有意图的传播；所谓释义是指受众根据自己兴趣和需要的标准，对诸多的信息进行多方位解读。完整的信息传递就是从赋义者到释义者的互动过程，赋义者不断根据释义者的反馈和要求进行相应的信息传

① 刘昭东，宋振峰 . 信息与信息化社会［M］. 北京：科学技术文献出版社，1994：2-3.
② 刘昭东，宋振峰 . 信息与信息化社会［M］. 北京：科学技术文献出版社，1994：5-11.
③ 俞可平 . 权利政治与公益政治［M］. 北京：社会科学文献出版社，2000：48.
④ 邬焜 . 信息哲学：一种新的时代精神［M］. 西安：陕西师范大学出版社，1989：70.

递内容的调节，释义者也会通过对传递信息的有意识选择反作用于信息传递的内容及其方式，并且这个对立的两极在一定条件下可以互换位置。赋义和释义很多时候会发生错位，二者之间信息传输的效果主要涉及以下几个因素：一是信息本身的因素。信息本身的内在因素是影响传输效果的第一因素；二是信息传输过程中的诸因素。应抓住关键时机，向关键接受对象，用适当的形式，传输关键信息，才能取得预期效果。这涉及信息传输早晚适中的及时性、信息内容与特定需求相吻合的针对性等问题；三是信息接收者的个人因素。信息接收者个人的职业、年龄、阅历、专长爱好、信息素养、社会地位的不同，造成了他们的知识构成、情感、观念都有较大的差异。因此，他们对信息的捕捉能力、利用能力和对信息的特定需求都有很大差异；四是社会因素。社会制度、时代背景、地区环境、社会物质技术基础条件、民族历史、文化传统条件等社会因素都会给信息传输工作带来影响。①

从信息的定义中可以看出，信息定义既是名词性的，又是动词性的，即是说我们可以从信息的角度看待世界、理解世界，并据此展开在世界中的行动。马克·波斯特甚至用“信息方式”这个术语表达了人们对世界审视方式的变化。在以信息方式看待世界的前提下，首要的实践要求就是关于人们的认知方式的问题，即需要用信息概念诠释知识。根据信息论，信息有三种不同的种类，即客观信息、主观信息和价值信息。客观信息强调信息是物质的属性；主观信息强调信息是反映相对于外部世界的某种知识；价值信息强调信息的效果。②客观信息就是语法意义上的信息，主观信息就是语义意义上的信息，价值信息就是语用意义上的信息。由此可见，所谓的知识主要指的是语义意义上的主观信息，也就是对所赋予的信息进行的释义活动及其结果。

有人曾大声疾呼：“我们为什么要知道那么多信息？信息会不会埋没我们的智慧和思想？信息等于知识吗？如果说知识不等于思想，那么信息

① 中国科技促进发展研究中心．信息化：历史的使命［M］．北京：电子工业出版社，1987：169.

② 俞可平．权利政治与公益政治［M］．北京：社会科学文献出版社，2000：47.

是不是比知识的概念还要中性化和基础化？”我们知道知识和信息之间是不能简单画等号的，不然的话信息应该是越多越好，实际上“我们被信息淹没，但却渴求知识”。问题就在于如何渴求？是割裂还是维系知识与信息二者之间的联系去求得答案呢？笔者认为渴求的路径就是超越信息，将信息转化为知识。丹尼尔·贝尔将“知识”定义为“一组事实或观念的有组织陈述，表现出理性的判断或实验的结果，以某种有系统的形式，通过某些传达媒介传递给其他人。因此，我将知识和新闻与娱乐区分开来”。弗里茨·马克卢普（Fritz Machlup）将信息单纯定义为知识的传播。马克·波拉特（Marc Porat）对信息的操作性定义是“信息是经过组织与传播的资料”①。其实从他们对信息和知识的个人定义中很难区分出信息和知识的区别，若要加以区别的话就是知识比信息更为系统化、理论化。Mortimer Adler曾在他所谓的四种“脑力精髓”（Goods of the Mind）间做过有益的区分，这四种“脑力精髓”分别为信息（Information）、知识（Knowledge）、理解（Understanding）和智慧（Wisdom）。在此信息位于意识序列位阶的基础层次，比知识低一个等级。

波兰尼将知识划分为隐性知识和显性知识，提供了一条理解信息与知识关系的可行方式。迈克尔·欧克肖特也曾将知识划分为技术的知识和实践的知识或传统的知识，前者类似于显性知识，后者类似于隐性知识。②所谓隐性知识就是指只能意会不能明确编码的知识，它的特点是：主观，不易语言化和形式化，隐藏在人的脑中，可以通过行为、经验、习惯表现出来。所谓显性知识就是指可以编码的、可用自然语言交流的知识，它的特点是：可以用语言传达、具有语言性与结构性。知识创造经由隐性和显性知识互动（知识回旋）而得，包含着四种运动：一是从隐性到隐性。个人间分享隐性知识，主要通过观察、模仿和亲身实践等形式使隐性知识得以传递，师传徒受是其典型形式。二是从隐性到显性。即对隐性知识的显性描述，将其转化为别人容易理解的形式，这个转化所利用的方式有类比、隐

① ［西］曼纽尔·卡斯特．网络社会的崛起［M］．夏铸九，王志弘，等，译．北京：社会科学文献出版社，2001：16.

② ［英］迈克尔·欧克肖特．政治中的理性主义［M］．张汝伦，译．上海：上海译文出版社，2003：7–8.

喻和假设、倾听和深度会谈等。三是从显性到显性。这是一种知识扩散的过程，通常是将零碎的显性知识进一步系统化和复杂化，比如学校教育。四是从显性到隐性。工作培训等是实现显性知识隐性化的有效方法。[①]

"知识的两大功能——知识研究考察与传播既存知识——已经并且能够感受到新科技所产生的影响。"[②]具体到网络空间的环境中，网络会使那些显性知识得到很好的传播和流通，电脑机器的线性处理方式会使那些隐性知识被无情过滤掉。知识依赖于信息原料，准确地说是依赖于能够真实编码的信息。信息有"赋予形态"和"学习"的原始意义，知识与信息的关系有点类似于亚里士多德所说的"形式与质料"的关系，逻格斯通过为事物的"质料"赋形来昭显自己；同时"赋形"的过程还是人通过具体活动来获得知识和真理的过程。当然，并不是所有的知识都能起到等同的作用，"某些知识被保留为'决策制订者'专用，其他的知识则在社会规范下，被个人用来偿还永无终结的债务之用"[③]。网络空间照样存在着知识霸权，只不过在此环境中的知识被打上深深的技术烙印，那些拥有网络技术知识的技术精英们占据知识权力生态链条的最高点，那些不拥有或很少拥有网络技术知识的民众往往被排斥在网络王国的疆域之外，几乎享受不到网络文明的雨露阳光，两者之间形成一条难以逾越的数字鸿沟。

网络的出现标志着人类社会进入了一个与现代社会相异的后现代社会，现代社会是一个以工业资本主义和资产阶级霸权上升为特征的生产的时代，而后现代则是一个由符号、代码和模型控制的模拟的数字资本主义时代[④]。网络空间的兴起对于以网络为平台的一些经济活动产生了难以预

① [日]野中郁次郎，竹内弘高. 创造知识的企业：日美企业持续创新的动力[M]. 李萌，高飞，译. 北京：知识产权出版社，2012.

② [法]让・弗朗索瓦・利奥塔. 后现代状况：关于知识的报告[M]. 岛子，译. 长沙：湖南美术出版社，1996：35.

③ [法]让・弗朗索瓦・利奥塔. 后现代状况：关于知识的报告[M]. 岛子，译. 长沙：湖南美术出版社，1996：38.

④ 丹・希勒（Dan Schiller）认为，所谓数字资本主义就是指这样一种状态：信息网络以一种前所未有的方式与规模渗透到资本主义经济文化的方方面面，成为资本主义发展不可缺少的工具与动力。

料的影响。电子商务就是以网络技术的成熟化为基础的，它带来了新的生产方式和新的消费模式。网络大大促进了注意力经济的发展，网络上的信息共享使得信息成为可增值的财富形式，其边际效益递增模式改变了原有的以资源稀缺为理论假设的传统经济学的效益模式和发展样式。信息财富改变了原有的财富占有模式，信息时代的富人以信息的占有为最大的财富，从而财富的生产和消费拥有了符号色彩。

信息和知识成为财富新样式在各国掀起了一场新的以“知识圈地”为主要形式的财富争夺浪潮，自由经济学家瑟罗曾说：“工业革命以取消英格兰公有土地的圈地运动为开端。现在，世界需要一场由社会发起的、针对知识产权的圈地运动，否则就像18世纪强者夺取英格兰公用土地一样，将会出现强者竞相把有用的知识财产据为己有的现象。”[①]

2. 网络媒介

信息的所有作用都是建立在信息自由流通基础之上的，而信息的流通都是通过各种各样的媒介载体进行的。正是在这个意义上，麦克卢汉说：媒介即信息（The media is the message）[②]。著名的经济学家、1972年诺贝尔经济学奖获得者赫伯特·西蒙早在20多年前就指出过：在信息时代，最稀缺的资源不再是信息本身，而是对信息的处理能力。信息的流通涉及各种与此相关的信息技术，信息技术的进化史就体现在媒介的进化上。信息技术包括信息的处理技术（从石子、木条算盘、机械计算到电子计算机）、存储技术（从粘土甲骨、竹简布帛、纸张、唱片和胶片到磁带和光盘）、复制技术（从刻、写、印刷、复印到光电拷贝）、传递技术（从谈话、烽火和驿站、交通和邮政、电缆和无线电到卫星和光纤）。网络信息媒介的出现标志着信息技术的最新发展成果，这种所谓的“最新”一来是指对以往诸多种技术的超越，二来是指对诸多种技术一定程度的综合。正是在计算机网络上实现了信息载体的多样性，即信

---

① ［美］丹·希勒. 数字资本主义［M］. 杨立平，译. 南昌：江西人民出版社，2001：103.

② 加拿大传播学家麦克卢汉所指的媒介范围很广，在《人的延伸》一书中他提出过包括口语词、服装、轮子、汽车、电视、武器等在内的26种媒介。他提到的媒介，指的是那些对人类社会的精神结构和社会组织方式产生过里程碑式作用的技术。

息媒体的多样性。

我们理解网络媒介的基本视域有二：一是纵的历时性维度，网络媒介可以置于“口语媒介／印刷媒介／电子媒介”的历史坐标中加以阐释；二是横的共时性维度，网络媒介可以置于“媒介／语言／个体”的结构系统中加以分析。

（1）历时性维度中的网络媒介。

英国学者Daniel Chandler认为，媒介理论并非一个已经成形的学科，“理论”一词在这里不是指对某一理论存在相同的意见，相反，它是对许多理论给予关注，比如人类学、语言学、修辞学、文化研究、传播研究等，而“媒介”一词也不存在一个被普遍接受的定义。对Chandler来讲，媒介就是我们定义和建构实在所依据的材料。关于媒介的理论，目前影响最大者当属加拿大学者麦克卢汉。麦克卢汉被公认为是媒介理论的领军人物，他的媒介理论核心观点有二：其一，媒介即讯息。麦克卢汉对传媒的理解是将其视为社会交往的技术媒介（medium）。从更为广义的层面来看，新的技术手段，如电灯照明、交通、通信等，会转化为新的时空关系，重新构建公共生活和私人生活，重新形塑感觉方式和社会关系。由此，产生了他的第二个观点：媒介是人的延伸。其实，这个观点的内涵就是技术是人的延伸。“从生理上讲，人在正常使用技术（或称之为经过多种延伸的身体）的情况下，总是永远不断地受到技术的修改；反过来，人又不断寻找新的方式去修改自己的技术。”[①]在麦克卢汉看来，技术就是人类躯体和神经的有机扩展，人类的社会交往形式向现代技术手段转向是现代的基本特征，是现代性的根本内容。“然而，‘延伸’并不必然意味着福音……每一种扩张、延伸都同时意味着萎缩和‘自残’”[②]，这种意义上的“媒介即延伸”（The media is the massage）就成了“媒介即按摩”（The media is the massage）。所以说，麦克卢汉认为技术也是一种自我截除，这也是“技术是人的延伸”另一种意义上的表述。“任何发明或技术都是

① ［加］马歇尔·麦克卢汉．人的延伸：媒介通论［M］．何道宽，译．成都：四川人民出版社，1992：52.

② 吴伯凡．孤独的狂欢：数字时代的交往［M］．北京：中国人民大学出版社，1998：132.

人体的延伸或自我截除。这样一种延伸同样要求其他器官和其他延伸产生新的比率，谋求新的平衡。简单来讲，不同媒介对不同的感官起作用。书面媒介影响视觉，使人的感知呈线性结构；视听媒介影响触觉，使人的感知呈三维结构。”①就是说技术是人的延伸，既是指正面意义上感官的强化，也是指负面意义上的感官替代。技术既是对人的拯救，又是对人的限制，这两种效果可能同时融合在一种技术中，有时在技术的帮助下一种感官功能的强化也许意味着其他感官功能的相对弱化。

从媒介和人的发展关系上看，媒介的历史是一种“补救”的过程。所谓“补救”就是说后继的媒介都在对此前媒介传播功能的弱点进行技术弥补和超越，以满足人类更广范围、更深层次的传播和交流的需要。每个时期都有占统治地位的媒介，其生存的中心法则是按照以下原则制定的：一种信息技术只有在一定范围内比它的竞争对手更能满足人们的需要时，它才能够幸存下来。但有两种因素使情况变得更为复杂。第一，新媒体正在进行的发展演变，使得任一特定媒体的竞争对手经常要随之改变，从而出现了意想不到的结果；第二，一个特定的媒体通常要执行多种类型的任务，因此它可能在某一领域比对手先进，在另一领域又可能落后于对手。②麦克卢汉从技术的角度将媒介的发展分为部落阶段（口头传达阶段）、古腾堡或个人阶段（印刷文字阶段）以及新部落文化或电子文化阶段（电子传媒阶段）。美国学者波斯特（Mark Poster）认为：“历史可能按符号交换情形中的结构变化被区分为不同时期”，并由此提出了与生产方式类似的概念，即“信息方式”，并将信息方式分为符号互应（symbolic correspondences）的口头传播阶段、意符再现（representation of signs）的印刷传播阶段和信息模拟（informational simulations）的电子传播阶段。③

一是口语媒介时代。传播学大师施拉姆指出：“我们必须把大众传播

① ［加］马歇尔·麦克卢汉．人的延伸：媒介通论［M］．何道宽，译．成都：四川人民出版社，1992：52.

② ［美］保罗·利文森．软边缘：信息革命的历史与未来［M］．熊澄宇，等，译．北京：清华大学出版社，2002：178.

③ ［美］马克·波斯特．信息方式［M］．范静哗，译．北京：商务印书馆，2001：13.

媒介出现之前就已经存在的能够表达意思的鼓声、烽火以至于宣讲人和集市都归于媒介一类，因为它们都扩大了人类进行交流的能力。”[①] 人类劳动实践创造了人本身，劳动实践又提高了人类的思维能力及表达能力，促进了语言的形成，语言的产生和应用实现了信息表现和交流手段的革命。语言是人类区别于动物的第一个交往工具，是反映人类交往方式本质特征的最初媒体。人类的语言交往是面对面的口头媒介的在场交往，“自我由于被包嵌在面对面关系的总体性之中，因而被构成为语音交流中的一个位置”[②]。语音的在场交流具有时空距离短、传播速度快、传播范围窄的特点，发言者的交往关系是直接的、双向互动的。口语传播由于众人的现场参与容易营造出一种传神的氛围，进行伴有各种体语的表达，其交流效果是生动逼真的（逼真不等于完全不失真，需看逼近的程度如何）。

二是印刷媒介时代。文字的出现是一次信息载体和传播手段的重要革命。文字是因人们记载传递交流信息的需要而产生的，这是一次信息由声音传播转变为物质传播的过程。人类依据文字可以打破代际和远距离交流的束缚，进行异步性和异地性的交流。造纸、印刷术的发明应用是一种信息记载、传递手段的革命，二者的出现是文字应用的合理延伸。在印刷媒介时代，“自我被构建为一个行为者（agent），处于理性/想象的自律性的中心”[③]。人们之间的交往变成间接的异步交流，具有传播范围广、传播速度慢、时空距离长的特点。印刷品作为基本的信息载体往往是公认的传播工具，有成为不在场“权威”的可能，从而在一定意义上弱化了主体的主导地位。

三是电子媒介时代。可分为两个阶段：第一阶段是以电报、电话、广播和电视等大众媒介的发明应用为标志的，这是一次信息载体和传播手段的重要革命，待传播的信息由物质传播转化为电传播。信息传播更为迅速、方便，借助这些技术，人类可以突破时间和空间的限制，因此这些媒介就成为人类特殊的身体替代形式。

---

① ［美］施拉姆．传播学概论［M］．北京：新华出版社，1984：144.

② ［美］马克·波斯特．信息方式［M］．范静哗，译．北京：商务印书馆，2001：13.

③ ［美］马克·波斯特．信息方式［M］．范静哗，译．北京：商务印书馆，2001：13.

第二阶段是以网络为代表的数字媒介阶段。传统的物质媒介载体正在被一种虚拟的数字媒介方式所替代。一般来说，存在着三种不同层次和意义上的数字媒介形式：一是对传统媒介形式再现性模拟；二是对传统媒介表现手段超越性模拟（介于一和三之间）；三是全新的数字化媒介（基于实时交互的虚拟三维时空）。总的说来，电子媒介时代的最大特点就是“持续的不稳定性使自我去中心化、分散化和多元化”[①]。

（2）共时性维度中的网络媒介。

大家普遍认同人类传播的基本过程如下：传播者→编码→讯息→媒介→讯息→译码→受众，最关键的三个环节是：传播者→媒介→受众。媒介技术形态的变化会影响到信息交流双方思维方式和信息组织方式的变化，因此必须从人所引起的媒介变化（表现为人类交流语言形式的变化）以及媒介所引起的人的变化的互动循环过程中去理解媒介的作用。马克·波斯特在《信息方式》和《第二媒介时代》中，试图将后现代主义理论引入传播史研究，强调主体是在交往行动及交往结构中被构成的。他探讨了交往模式（patterns）的变化是如何引起主体的变化的。语言构型中的变化，或说是语言包装中的变化，改变着主体将意符转化为意义的方式。因而，当语言从口传包装和印刷包装转换到电子包装时，主体与世界的关系也就被重新构型。所以，技术是被间接引入的，即交流模式的变化引起了主体的变化，而在这一过程中起关键作用的是语言，传播媒介（如印刷术、电子交流技术）是语言的包装。[②]

网络作为麦克卢汉意义上的电子媒介的最新形式，是一种具有全方位整合力的媒介。1998年5月举行的联合国新闻委员会年会上，网络被正式冠以“第四媒体”的称号，它被人们视为继传统的报纸、广播、电视之后的一种新型媒体，实际上是报纸、广播、电视三种传统媒体的综合体，它兼具数据、文本、图形、图像、声音等表现形式。它作为以前的传播媒介的“补救”形式基本上具备了某种“统合”意义上的媒介大一统样式，即多媒体形式，它最基本的信息组织方式是超文本链接结构。

---

① ［美］马克·波斯特．信息方式［M］．范静哗，译．北京：商务印书馆，2001：13.

② ［美］马克·波斯特．信息方式［M］．范静哗，译．北京：商务印书馆，2001：13–25.

多媒体是许多信息形式的综合，包括文本、图形、静止图像、运动图像、动画和声音等。每一种信息源都由计算机产生，或者从现实生活中捕获并转换成数字形式。这些信息可以是连续的也可以是静态的。因此，媒体可以划分为四大类[①]：计算机产生的、连续的，如动画；计算机产生的、静态的，如文本和图形；现实生活产生的、连续的，如声音和运动图像；现实生活产生的、静态的，如静态图像。

多媒体技术本质上是不同感知方式之间的对话，它实现了各种媒介样式的同步转换和传输，使得网络媒体的信息传播实现了动静结合、声像皆备，使人们可以更全面地了解信息；而超文本结构的应用则大大提高了网络的叙事功能和效果。在现代性的宏大叙事中，网络是一种高效率的传播工具，它具有信息的综合性和丰富性、充分的互动性与开放性、信息传递的快捷与超时空以及信息的大容量和灵活性。它将用户的目标大大地提高了，而这些用户被认为具有建构前的工具性的身份。

网络媒体的含义有广义和狭义的区分：从广义上说，“第四媒体”就是因特网，即遵照TCP/IP协议传送数字化信息的计算机通信网络。从狭义上说，“第四媒体”是指基于因特网这个传输平台来传播新闻和信息的网站。狭义的第四媒体又称为“网络新闻媒体”，大致分为两大类：一类是没有传统媒体背景的ICP（或ISP），其典型代表是新浪、搜狐、网易等门户网站以及其他专业性较强的垂直门户网站；另一类是传统媒体向网络的延伸，即传统媒体的网络版。[②]我们这里的网络媒介主要是指广义上的网络本身。

（3）网络媒介的特性。

网络媒介是一种多层面、多向度的复合媒介（multi-faced mass medium），网络媒介的出现改变了传统媒介的信息传播方式，John E.Newhagen和Sheizaf Rafaeli认为：多媒体、多感觉、超文本、分组交换、同步传播和交互性是网络传播最根本的性质，决定了网络传播具有

① ［英］William Buchanan. 全球信息系统：信息技术基础、网络与通信［M］. 冯博琴，朱丹军，杨重阳，译. 北京：高等教育出版社，1999：2.

② 刘钢. 网络媒体悖论［J］. 程序员，2001（6）：22.

相应的五个特征：一是诉诸感觉需要的（The Sensory Appeal）；二是摆脱线性束缚的（The Communication Linear）；三是改变传播拓扑结构的（The Toplogy of Communication）；四是可选择同步的（The Elasticity of Synchronicity）；五是交互的。[①]

总的来说，网络媒介具有以下5个特点，其实不同特点的提出是不同维度的理论叙事的结果，也是其产生不同影响的基本方向之所在。

一是集成性（系统性）。所谓集成性主要是指网络结构的系统集成、网络作用的过程集成和网络影响的效果集成等。网络结构的系统集成是指网络本身的系统结构是集成式的。网络由计算机和通信系统的硬件、软件组成，硬件提供了网络运行的机器架构，软件则提供了网络运行的指令。比如多媒体技术就是由多媒体硬件系统、多媒体操作系统平台以及多媒体创作工具组成。所谓网络作用的过程集成是指各种应用软件运行的系统依赖性。每个软件能发挥作用是硬件和软件协同的结果，既需要计算机系统，又需要通信系统，还需要操作软件系统和应用软件的兼容，只有这样一个完整的网络才能运行。所谓网络影响的效果集成是指网络产生的效果是多样的统一，甚至包括正面和负面影响的二者合一。如多媒体计算机改变了计算机信息处理的单一性模式，使人能集中处理多种信息。前两种集成是指网络的内部集成，因为这些集成主要是在网络系统内部进行的，而效果的集成是外部集成，它的影响直接针对各种人和事，这也是我们所关注的焦点。

网络计算机通过将多种技术综合一体化而有机地形成一个整体，对信息进行加工、处理后再综合地表达出来。从这一点来看，集成不是简单地把多种技术重合叠加起来，而是有机地结合、加工和处理，从而综合地作用于人的各种器官。网络媒介实现了阅读方式、写作方式和计算方式的变革，而这些变革又是捆绑在一起的。一是阅读方式的变化：首先是从线性的文本阅读走向非线性的超文本阅读；其次是从单纯的文字阅读走向多媒体电子读物。“走向”不等于代替和取消，它恰恰连接两

① 刘吉，金吾伦，等．千年警醒：信息化与知识经济［M］．北京：社会科学文献出版社，1998：371.

个端点，并且前者还是“走向”的起点和基础。二是写作方式的变革：首先是从手写走向键盘输入、鼠标输入、扫描输入和语言输入；其次是图文并茂、声形并茂的多媒体写作方式；再次是从线性的文本结构走向灵活多变的网络式超文本结构的构思与写作；最后是在与电子资料库存对话中阅读与写作的一体化。这几种写作方式同时并存，尽管有偏重但不能偏废。三是计算方式的变革：首先是从数字计算走向用“基2代码”和二进制的数字化模拟和高速运算（计算机设计思想的基石是以“比特”为支点的“基2代码”，任何领域的问题要想交给计算机来解决，必须先将其转变为能够用0和1这两个数字表示的“计算机语言”）；其次是文字的数字化使教育的三个基石（读、写、算）融为一体。[①]其实这三方面的影响都是针对效果而言的，但是同时又离不开网络的内部集成，三个方面的集成是同时起作用的。

二是多元性（分化性）。网络时代是媒体分化的时代，媒体分化的第一个重要趋势是分散化、多样化和个人化。以特定人群为主要对象的媒体数量剧增，丰富了人们的选择，即按各自的需求选择媒体。同时，公众的选择性促使媒体向多样化和分散化的方向发展，最终提供个人化服务。被称为“数字时代三大思想家”之一的乔治·吉尔德，把电脑称为“后电视时代”的个人媒体，以它与电视这种“大众媒体”作对比。相对于印刷媒介或广播电视等传统电子媒介来说，网络具有多元性的重要特征。网络的多元化表现在：

一方面，传播主体的多元化。传统媒介的传播主体一般是一个组织机构，而网络既可以是一个组织，又可以是个人。每个人都可以在网上较为自由地发表自己的观点，同时只要申请个人主页空间，还可以在网上创建自己的个人网页，以此作为个人性的传播空间，电子文本可以即时地传送给成千上万的人，这使得每个人都获得了传播的权利。个人的话语很容易在网上获得他人的共鸣，从而私域话语可以毫无阻碍地转化成公域话语，产生网络传播的蝴蝶效应，而网络传播的效应又使得个体获得积极参与的动力。网络和虚拟的信息传播在这时很容易被认为是一种消解大众传

① 黄顺基，等.信息革命在中国［M］.北京：中国人民大学出版社，1998：104–108.

媒整合性的元素。

另一方面，传播方式的多元化。传统媒介传播方式是点对面，而网络传播则是“网状结构”，既有点对面的传播，更有点对点、面对面的相互传播。而且媒体越来越朝“窄播”方向发展，人们可以根据自己的需要和兴趣选用信息。每人每次上网都可以指向不同的目标，通过个人的自主选择，与聚焦点保持距离，突出自己的意识。这使得任何人在网络传播空间中都处于平等的交流地位。网络媒介融合了各种传统媒介的特征而成为一个个人传播、组织传播、大众传播的统一体，它的传播模式可分为四种：一是个人对个人的异步传播（one-to-one asynchronous communication），如电子邮件；二是多人对多人的异步传播（many-to-many asynchronous communication），如新闻讨论组、BBS；三是个人对个人、个人对少数人、个人对多人的同步传播（one-to-one，one-to-few，one-to-many synchronous communication），如在线游戏、在线聊天；四是多人对个人、个人对个人、个人对多人的异步传播（many-to-one，one-to-one，one-to- many asynchronous communication），这种传播方式是信息接收者在网络上寻找信息的活动，如网页和远程通信等。①传播方式的多元化大大增强了网络传播的效力。

三是交互性（遍历性）。网络信息时代各种媒介并存、纷争不断，各种“媒体是在相互争夺我们能给予的极有限的时间和注意力，一个新媒体加入到信息环境中是可转化的而非附加的”②。报纸是以工业印刷的纸质形式表现信息的内容，而互联网是以信息的形式表现信息的内容。网络媒体的胜出是诸媒介互相竞争选择更能体现自身权力的形式的结果。“传媒正演变为个人化的双向交流，信息不再被‘推给’消费者，相反，人们（或他们的电脑）将把所需要的信息‘拉出来’，并参与到创造信息的活动中。”“未来的黄金时段”将不再被耀眼的广告占尽风光，“是不是黄金时

① 常晋芳．网络哲学引论：网络时代人类存在方式的变革［D］．北京：中共中央党校，2002.

② ［美］保罗·利文森．软边缘：信息革命的历史与未来［M］．熊澄宇，等，译．北京：清华大学出版社，2002：168.

段，完全取决于我们眼中所见的品质”①。只有交互式网络媒体才能满足人们这种选择，因为交互技术的文化效果，就是从价值上改变人单纯被作为客体的状况，与信息社会肯定的主体价值相适应。

美国著名撰稿人哈蒙德指出，一个电脑的能力非常有限，但当它与数百万台电脑相连，成为网络中的一个成员时，它就具有了网络的神奇力量，是网络使孤零零的一滴水化为大海中的一分子。而“传统媒介上会话主要是独白式的，而非对话性的。交流的一端几乎输出了所有信息，另一端只是接收。人们调好台心甘情愿地变成旁观参与者，每天一言不发地接收音讯”②。传统媒体基本上是单向传播，把信息“推”给受众，它们虽然也存在交流，如读者来信和热线电话等，但受众显然处于被动的地位。

网络的交互性是指传受双方的双向互动传播，传播者和接收者对网上传播的信息可以按照喜好进行增补、修改，实现信息交流的双向互动。美国的未来学家保罗·萨福道破了网络互动的本质特征，就是“同其他人发生联系”。他认为：“Internet比任何其他媒介都更好地调节人的相互作用”，“和谐接触比玩最带劲的游戏或获取最热门的信息都更为有趣”。③计算机用户能够通过计算机的多种信息媒体实现与计算机的“对话”，使传播信息和接收信息之间相互进行实时的通信和交换。用户不仅可以从网站“拉”自己所需要的信息，而且可以向网站提供信息、输出反馈，它们共同构成了网站的内容，这是完全意义上的双向交流。“因特网上以数字媒介为介质的信息传播，开创了‘受众’与传媒之间信息交流的崭新关系。人们不再别无选择地被动接受由传媒选择和传送的内容，单向灌输的传播模式即将成为历史。”④网络比其他任何媒介都要强调对大众权利的珍视，它使大众阶层不再只是被启蒙的对象或被迎合的对象。在网络环境中大众开始确立自身作为一种言说主体的地位，而是可以充分运用自己的权

① ［美］尼古拉·尼葛洛庞帝．数字化生存［M］．胡泳，范海燕，译．海口：海南出版社，1997：4，200.

② ［美］马克·波斯特．第二媒介时代［M］．范静哗，译．南京：南京大学出版社，2000：65.

③ 胡泳，范海燕．网络为王［M］．海口：海南出版社，1997：219.

④ 张震．网络时代伦理［M］．成都：四川人民出版社，2002：75.

利自主地表达自我。

网络提供了网民进行实时交互、信息交流的数字平台。正是由于利用了计算机中数字化技术和交互式的处理能力，人际互动交流以及对多种信息进行综合统一的处理才成为可能。超文本技术充分体现了网络的互动性质，下面我们就以超文本做简要论述。

超文本被认为是类似于电影蒙太奇的完成词语或句子链接的活跃程序，对其他词语或句子进行了清晰或少量的暗示。超文本可以实现两方面的跳跃，一方面是作者提供的深思熟虑的可控链接，另一方面是读者通过这种链接对文本产生的全新认知。这两种链接实际上都是事先设计的，读者在阅读过程中各取所需。假如这两种链接之间出现了能指和所指差异的能不副所情形，非特指的解释和语意变异的重要性往往会导致“刻意的谬误”。因为一部作品的含义不仅仅源于作者的意图，还包括读者的理解。[①]正如迈克尔·海姆所说：“这种非线性的、自由联想的超文本格式已经融入这场最近的多媒体革命中。在这种新技术中，黑白静态的、符号性的、剥夺感官的知识世界，业已开始让位于多感官的表象模式。”[②]读者的参与和解读对于超文本意义的完成起到了举足轻重的作用：在网络空间的开放结构中，作者权威声音的解构和减弱带来了读者地位的浮升。作为超文本技术基础的超文本标示语言（HTML），既具有超越传统文本结构限制的链接性质，同时也具备了超越单纯抽象文字表征能力限制的跨媒体链接功能，这使超文本成为一种兼具抽象文字和具象图形的所有表征意义的多媒体样式。

超文本作为一种使人脑的联想具体化的检索手段，可使得在环境恰当的时候任何现存的思想与其他思想之间是等距离的，其作用是相连接的。通过超文本技术，网络可以将文本中看似平淡无奇的词语变成一个个别开生面的链接，其意义的丰富性、冲击力大大超出初始文本。从知识管理的角度看，超文本相对于文本的最大优势，就在于它是一个允许隐性和显性知识互

① ［美］保罗·莱文森．软边缘：信息革命的历史与未来［M］．熊澄宇，等，译．北京：清华大学出版社，2002：136–144.

② ［美］迈克尔·海姆．从界面到网络空间：虚拟实在的形而上学［M］．金吾伦，刘钢，译．上海：上海科技教育出版社，2000.

动，从而形成知识回旋的空间，即形成巨大知识风暴的空间。在超文本结构中，通过超链接（hyperlink）我们可以实现在文本之间的跳转和空间之间的跨越，这有点类似于彭加勒（Poincare）的“遍历性”原理，即在一密闭容器中，一个随机运动的空气分子，只要给定足够长的时间，它总能到达容器中任何位置。网络主体在每次的文本链接和鼠标点击时就成为一个定位的起点和意义辐射的源头，但是每次的辐射路径并没有被限定，每个起点都暗示着即使是主体也无法预料的无穷的可能性。并且每个文本就是一个莱布尼茨所说的单子，每个单子都有反映整个宇宙的自足性。一个文本就是包含多重透视全息功能的文本空间的结构因子，每个文本结构因子属于更大范围的包含众多动态性超级链接文本的文本生态空间。超文本的作者和读者的参与合力形成文本的空间性互动和时间性互动，二者产生的文本化合作用不断形成新的可以自由流动的文本因子。“超文本打碎‘使用文本’与‘诠释文本’之间的界限，而仅仅根据不同的人、不同的目的区分出‘使用文本’的不同类型。文本的使用者和文本的诠释者之间并没有明显的界限，同时，一个文本与网络上的所有文本之间没有明显的界限。”

四是草根性。传统的大众传播媒介体现出一种典型的信息“沙漏”模式。即编辑、记者、出版社享有支配信息资源的行业特权，“大众媒介单方面地在一个中心化的传播网络中规定交流的流向——从中心到周边或自上而下，它们就会在很大程度上增强社会控制的效验”①；而在电脑网络的虚拟时空中，信息传播者和接收者实现了真正意义上的平等交流。传播者与接收者的界限模糊了，信息的权威性也在信息的双向互动传播中消解了。几乎每一个使用过网络的人都惊叹于网络的非凡特性，网络使每一个普通人能不分高低贵贱，无论时间与空间的远近，跨越种种差异与障碍平等地进行交流。“当大众媒介转换成去中心化的传播网络时，发送者变成了接收者、生产者变成了消费者、统治者变成了被统治者。”②网络空间的开放性使得每一个人都可以享有传播和交流的权利，可

① 马克·波斯特．第二媒介时代［M］．范静哗，译．南京：南京大学出版社，2000：23.

② 马克·波斯特．第二媒介时代［M］．范静哗，译．南京：南京大学出版社，2000：45.

以自由表达自己的思想与观点。网络要的不是垄断性的意识形态权力，而是共享性的草根力量。

个案举例：

麦特·德拉吉(Matt Drudge)，一个不知名的礼品店经理，在好莱坞一间狭小的房间，借助一台个人电脑，以一种鲁莽的方式追逐新闻，即使官司缠身也不在乎，他这种“报得快比报得准更重要”的新闻思想，获得了一批网络同好者的追捧。到1997年，他的个人网站“德拉吉报道”的电子邮件订户超过5万人。1998年1月17日，一个历史性的时刻到来了。这天，德拉吉摁下了一个键，发布了一条震惊世界的消息：“在最后一分钟，星期六（1月17日）晚上6点，新闻周刊杂志枪杀了一个重大新闻。这条新闻注定将动摇华盛顿地基：一个白宫实习生与美国总统有染。”德拉吉的故事迅速传播。很快有人将德拉吉的报道转发到一个个网上新闻组中。星期一早晨，德拉吉报道更新了新闻，第一次直呼莫尼卡·莱温斯基的芳名，指出她就是总统的情人，并提供了莱温斯基的简历。星期二晚上，德拉吉挥出了致命的重拳：联邦调查局特工手中有一盘电话录音，进一步证实了有关白宫绯闻的报道。直到周三，全世界的互联网都沸腾了，传统新闻媒体不得不介入了报道，并引发了后续我们都知道的故事。

个案评析：

网络作为一种新媒体使原来那种垄断的媒体变得大众化了，其自身是没有中心和界限的离散结构，不受任何组织机构控制。网络的出现标志着庶民写作的胜利，标志着原有“信息方式中的主体已不再居于绝对时/空的某一点，不再享有物质世界中某个固定的制高点，再不能从这一制高点对诸多可能选择进行理性的推算”①。

“个人话语权”和“小众话语权”在网络中取得了很大的活动空间。个体话语和小众话语在传统媒介中的活动空间受到很大的挤压，几乎处于主流媒介的边缘化境地。个体话语和小众话语权力只能通过对大众传媒的“附丽”来悄悄进行渗透，以图得到某些借用的权力。在网络中信息的易得、

① ［美］马克·波斯特．信息方式［M］．范静哗，译．北京：商务印书馆，2001：25.

易存、易传使得受众最大限度地张扬了自己的话语自主权，一定程度上减弱了对大众传媒的依附性。话语权力某种程度的分享极大调动了个体的积极性和主动性，降低了传统媒介线性等级模式中“作者主权”的权威，从而给个人带来信息解蔽的快感和欣悦。“德拉吉报道”之所以能够挑起一个人的战争，原因就在于此。

五是内爆性。波德里亚把媒介看作一个符号和信息的黑洞，它们将所有的内容吸入控制论的噪声。在所有的内容都以“内爆”为形式的过程中，噪声不再传达有意义的信息。“内爆”的含义是指：一极并入另一极，每一个不同意义体系的两极短路，明显的对立与界限消失，因而媒介与现实之间的界限也消失了。

以前的人们相信媒介是用来再现、反映和表征现实的，而现在，媒介正在构成（超）现实，一个新的媒介现实——“比现实更现实”——其中现实已经从属于消融现实的表征。波德里亚宣称媒介中符号和信息的激增通过抵消和分解所有的内容消除了意义——这是一个引向意义的瓦解以及媒介与现实之间差别消除的过程。在一个媒介信息社会中，信息和意义“内爆”，瓦解为无意义的“噪声”或没有内容和意义的纯粹外观。

（三）时空特质的嬗变

计算与通讯的有机结合是网络革命的最大特征，人类有史以来第一次面对着这样的可能性，即时间与空间不再是交流与沟通的障碍，人们可以在任何时候、任何地点获取任何所需信息，并与任何想要与之交流的人进行沟通与接触。“电脑和通讯网络为我们打开一个全新的时空。信息网络空间将冰凉坚硬的物理三维时空所强加给人们的束缚击得粉碎。”[①]网络空间的出现改变了传统时空的审视方式。对于时空的认识历来主要有三种角度，一是物理学的解读，二是心理学的解读，三是现象学的解读。如果是物理学意义上的时空，可以考虑一下芝诺的悖论、牛顿力学的绝对时空设定和相对论的时空观。相对论的时空观认为时空不过是测量手段；如果

① 王长友，等．知识・经济・生存［M］．北京：中国建材工业出版社，1998：126-127.

是心理学或内在意识的时空观，可以看看奥古斯丁和柏格森的时间观；如果是在现象学的意义上，可以看看胡塞尔和海德格尔的著作。

网络的出现对时空的影响简单地说有以下三点：一是信息传播联系的人群越多、范围越广，空间上就被稀释得越厉害；二是网络时间直接使空间要素重新组合，打破了传统时空中交往主体间彼此分割的静态特征；三是网络空间造成时空关联的矛盾，直接解构了传统时空的统一性和普遍性。

1. 时间特质的变革

技术既是去蔽，又是遮蔽；既成就时间，又遗忘时间；既使记忆成为可能，又导致记忆的丧失。对人类而言，技术既是主体彰显自我力量的象征，也是毁灭自我的力量。这是技术蕴含的深层悖论，网络技术同样如此。人的需要造就了满足人需要的技术手段，技术工具满足了人的欲望的同时也制造了新的欲望。作为实现的欲望，技术等于现实；作为产生的欲望，现实等于技术。欲望是指向未来的，现实是指向当下的。由欲望向满足的过渡就是潜能走向现实的过程，而实现了的欲望就是实现了的时间。

技术的现实作用根植于人性之中。人的本性是无所定规的，即使人的先天生物属性限定了人的一些未来路径，但是其基本属性是在后天社会空间中形成的。换言之，人是由自己创造的。这种创造是无中生有的，“无”是实践的出发点也是创造的归属地，因为“无”本身预示了无限超越可能的开放形态，不羁绊于任何既有的格局和一定的规则，在时间的三种基本形态——过去、现在和将来中不断开发。所以说，创造成就了人的时间性，人也因此拥有时间。

时间通过钟表可以独立测度，这使得时间正在脱离人们日常的、具体的生活的象征和制约，成为一个独立的我行我素的客体。时间的钟表化实际上使得时间静止化和数字化，时间转化为钟表上不变的一连串数字系列，从而将时间静止为当前观看的指针刻度数。所谓的融合了过去影响和未来萌芽的当前现实仅仅化为钟表上的当下数字，时间仿佛在这里停止了。无怪乎柏拉图在《蒂迈欧篇》里把时间说成是对永恒的一种模仿，而且是以数的方式进行的模仿。亚里士多德进一步把时间规定成运动的数目。在他们的时间坐标中，中心结构因素无非是时轴、时序和时隔。所谓时轴就是反映时间的持续性、连续性和瞬间更替的直线坐标。时轴没有起点和终点，反映了时间的无始无终；它有方向性，反映了时间的不可逆性。所谓时序是指时间的先后与同时的概念。任何客观物体的存在，都具有一定的次序性，其运动变化都是先后相随、连续更替，按一定的时序发展的。任何客观事物发生时间的前后与持续时间的长短，都是相对另一个事物而言的。所谓时隔是指两个事件之间的时间间隔，时隔有实时隔与虚时隔之分，虚时隔是指两个事件之间不占有时间。①

应该说，时间的测度只能通过人的实践创造来实现，即使是现在本身也不是纯粹的当下寂然不动，而是过去和未来的合影。“人类乃是具有躯体的时间”②，人产生和利用了技术，技术使得人的本质生成阶段性的差异，差异的前后贯通就显示了人本质的生成和进化。

在网络普遍流行前，一般媒介传播信息有着让现代人看起来无法接受的延迟，这种延迟有时使前后交流信息出现间隔。比如各种媒介对同一件事件的报道时间不一，对电视观众来说已成为历史的事件，可能对杂志读者来说还是新闻，这之间的时间断档往往会使信息产生不同的效果。在网络中由于比特交流的高速，信息对公众的影响从发生到产生效果需要的时间即时滞(time lag)大大缩短，有时甚至并不能感到时间的延滞效果。原来的空间距离就意味着一定的时间间隔，现在由于网络传播的光速运行使得时间大大压缩了，所以网络技术拯救了由于空间因素的制约而导致的时间差距。信息交流的同时传播扩张了交往语言的维系时间功能，交往语言的前后时间安排在同步交流时几乎失去了原有时间的隔离作用，使交流得到了最好的维持。“于是乎，语言的高效率传输这一简单实用的优点，只是因为速度的提高而变成了一种新的社会现象，确如量变‘辩证地’转

① 金哲，陈燮君．流逝的人生：时间学新探［M］．武汉：湖北人民出版社，1987：15-19.

② ［西］曼纽尔·卡斯特．网络社会的崛起［M］．夏铸九，王志弘，等，译．北京：社会科学文献出版社，2001：525.

化成了质变。”[①]

2．空间特质的变迁

国际因特网所构建的是一个数字化空间。它以物理网络为路径，以服务器为枢纽，以比特为载体，以电脑为终端，把全世界的网络用户汇集起来，从而使人类社会第一次拥有了两个平台：一个是物理的现实平台，另一个是数字的虚拟平台。网络提供的数字化空间使得“所有空间的传统隐喻——远近、上下、大小、内外——在网络这里都必须重写，也就是被联系和结合的概念所取代”[②]。

空间是一个历史性范畴，其具体内涵与所在的文化语境息息相关。空间概念的原型是物理—几何空间，希腊人将空间理解为物体存在的“位置”或“场所”，亚里士多德便认为，没有物体的空间是根本不可思议的；在笛卡尔看来，空间是纯粹的广延，是与物无关的无边无际的容器；康德认为空间乃主体加于材料世界的“先天感知形式”，以使感觉拥有条理和意义，本身并不是某种客观的存在[③]；爱因斯坦的广义相对论则提出了一种新的空间观：空间与物质（引力）不可分，物质的分布决定空间的曲率，不同点的尺度（度规）是不同的。根据海德格尔的现象学存在论，空间作为世界向“此在”（人）的不断敞开，是一种随着“此在”的活动而与世界“相互照面的关系”；当代网络社会学家卡斯特则在《网络社会的崛起》一书中指出：“空间是共享时间之社会实践的物质支持”[④]；瑞夫则界定了四种不同的空间知识：一是实用空间（pragmatic space），二是感觉空间（perceptual space），三是存在空间（existential space），四是认知空间（cognitive space）。

所谓空间的传统隐喻“被联系和结合的概念所取代”，也就是被互异的个人之间的联系和结合所取代，即空间作为与世界“相互照面的关

① ［美］马克·波斯特．信息方式［M］．范静哗，译．北京：商务印书馆，2001：11.

② 胡泳．另类空间：网络胡话之一［M］．北京：海洋出版社，1999：56.

③ ［德］康德．纯粹理性批判［M］．蓝公武，译．北京：商务印书馆，1997：51.

④ ［美］曼纽尔·卡斯特．网络社会的崛起［M］．夏铸九，王志弘，等，译．北京：社会科学文献出版社，2001：505.

系”取代了原来对空间的实用化认识。网络空间更类似于存在空间，其间夹杂着感觉和认知因素。因特网的“inter-”（在……之间）的向度正是理解当代网络空间的关键。网络空间的形成不是机器的联合，而是由个人之间的交往建构的。这种建构的前提是个人之间的差异，他人对我而言是不可归约的（irreducible），我和他之间存在着不能化约他为我而取消他的存在的差异性。空间恰好为个人之间的差异提供了基本的表现形式，因为两个个体不可能同时占有同一空间，网络交往的动力就来自这种自身不具备的个体差异。两个个体的交往实践建构起双方之间的关联，网络从而作为个体之间的某种“共在”的表达形式，也就是说，我和他在同时的交往中建构起一个一起经营的空间，网络空间就存在于我和他的实时的交往关系之中。

空间远近的区别是以身体经验的直接范围为参照点的，恰如庄子所言“自其异者视之，肝胆楚越也”，也就是说，网络空间中的远近排序是以用户的记忆和偏好为中心的，如果我对那个网站感兴趣，那么它就离我很近；如果我对那个网站不感兴趣，那么它就离我很远，哪怕那个网站所属的公司就在隔壁。可以说这是网络中人际交往的时间压缩现象带来的空间压缩的结果。“电子媒介确实改变了社会交往行为的时空参数，大体上使得任何人都能够在任何时候与任何人进行交流。”[①]不同语言的人都可以通过网络交往，国界和地界不再是交往的空间障碍。“在数字化世界里，距离的意义越来越小。事实上，互联网络的使用者完全忘记了距离这回事。在互联网络上，似乎距离还往往起反作用。与近距离的通信对象相比，我常常更快地收到远方的回信。由于时差的缘故，远方的朋友可以在我晚上睡觉的时候回信，因此感觉上反而好像离得更近。”[②]所以说，“后信息时代将消除地理的限制，就好像‘超文本’挣脱了印刷篇幅的限制一样。数字化的生活将越来越不需要仰赖特定的时间和地点，现在甚至连传送‘地点’都开始有了实现的可能……由于工作和生活可以是在一个或多

---

① ［美］马克·波斯特．第二媒介时代［M］．范静哗，译．南京：南京大学出版社，2000：64.

② ［美］尼古拉·尼葛洛庞帝．数字化生存［M］．胡泳，范海燕，译．海口：海南出版社，1997：208.

个地点，于是‘地址’的概念也就有了崭新的含义”[①]。

现代化在人与人的关系上表现得最深刻的就是距离的缩短和接触的频繁，人们在生活上形成不能须臾分离的关系。人与人的共同在场（copresence）是互动的基本条件，而为了共同在场，人们不得不针对自己在社会中的地位表现出不同的面貌。[②]网络空间恰恰将无数潜在的他人空前地并置于个体感性经验中，打破了曾经由身体与地理位置所规定的生活空间格局。尼葛洛庞帝认为：“数字化的生活将越来越不需要依赖特定的时间和地点，现在甚至连传送‘地点’都开始有了实现的可能。”[③]他甚至生动地描绘道：“假如我从我波士顿起居室的电子窗口一眼望出去，能看到阿尔卑斯山，听到牛铃声声，闻到（数字化的）夏日牛粪味，那么在某种意义上我几乎已经身在瑞士了。”[④]网络空间使得个体的交往不再受限于地理位置，弥补了面对面的交往与经由媒介的沟通之间原有的巨大差异。“脱域”（disembedding）[⑤]机制在网络空间中表现得比较充分。

现代性社会的发展是以空间（space）与地点（place）的分离为基础的。“在前现代社会，空间和地点总是一致的，因为对大多数人来说，在大多数情况下，社会生活的空间维度都是受‘在场’（presence）的支配，即地域性活动支配的。现代性的降临，通过对‘缺场’（absence）的各种其他要素的孕育，日益把空间从地点分离了出来，从位置上看，远离了任何给定的面对面的互动情势。在现代性条件下，地点逐渐变得捉摸不定：即是说，场所完全被远离它们的社会影响所穿透并据其建构而成。建构场所的不单是在场发生的东西，场所的‘可见形式’掩藏着那些远距离关

① ［美］尼古拉·尼葛洛庞帝．数字化生存［M］．胡泳，范海燕，译．海口：海南出版社，1997：194–195.

② ［英］安东尼·吉登斯．社会的结构［M］．李康，李猛，译．北京：生活·读书·新知三联书店，1998：8.

③ ［美］尼古拉·尼葛洛庞帝．数字化生存［M］．胡泳，范海燕，译．海口：海南出版社，1997：194.

④ ［美］尼古拉·尼葛洛庞帝．数字化生存［M］．胡泳，范海燕，译．海口：海南出版社，1997：144.

⑤ 所谓脱域，在此处指的是社会关系从彼此互动的地域性关联中，从通过对不确定的时间的无限穿越而被重构的关联中“脱离出来”。

系，而正是这些决定着场所的性质。”[①] 可见的场所并不一定就是自身决定自身的性质，决定这场所性质的“远距离关系”就是“脱域机制”。“有两种脱域机制：第一种是象征标志（symbolic tokens）的产生，第二种是专家系统（expert system）的建立。所谓象征机制，指的是相互交流的媒介，它能将信息传递开来，用不着考虑任何特定场景下处理这些信息的个人或团体的特殊品质……专家系统指的是由技术成就和专业队伍所组成的体系，正是这些体系编织着我们生活于其中的物质与社会环境的博大范围。”[②] 在网络空间中计算机就是我们所信任的“象征标志”，正是电脑作为我们共同参与交往实践的媒介，提供了一个与他人“照面”的场所，使我们的“共在”经由网络的过滤转为共同“在线”，从而使网络所联结的场所成为我们主体间“共在”的真实性空间。

（四）虚拟实在的出现

“网络空间不仅仅是电子媒体或计算机界面设计的突破。因其虚拟的环境和模拟的世界，网络空间还是一个形而上学实验室，一种检验我们实在之真正意义的工具。”[③] 这个所谓的“虚拟的环境和模拟的世界”就是虚拟实在。网络空间是编织虚拟实在的巨大电子网。所谓的虚拟实在（Virtual Reality，又称虚拟现实、灵境或VR）本来是一个源自计算机仿真的计算机科学技术概念，是一种典型的人机结合的复杂系统。现在的虚拟实在技术的目标已不再局限于只建立一个封闭式的仿真环境，而是要建立一个基于网络用户交互与共享的虚拟世界。

虚拟实在的出现标志着技术与实在的某种融合，我们正是通过有关技术的思辨来探讨这种新的实在的表象和本质。当虚拟实在技术现象超出技术思辨的叙事领域时，我们需要对作为人工实在的虚拟实在进行多维度

---

① ［英］安东尼·吉登斯．现代性的后果这 [M]. 田禾，译．南京：译林出版社，2000：16.

② ［英］安东尼·吉登斯．现代性的后果 [M]. 田禾，译．南京：译林出版社，2000：19–24.

③ ［美］迈克尔·海姆．从界面到网络空间：虚拟实在的形而上学［M］. 金吾伦，刘钢，译．上海：上海科技教育出版社，2000：85.

理论考量。

1. 技术维度下的虚拟实在

虚拟实在是一种可以创建和体会虚拟世界的计算机系统，其虚拟环境（Virtual Environment）是由计算机生成的逼真的、三维的，具有一定的视、听、触、嗅等感知能力的环境，通过视、听、触觉等作用于用户，使用户产生身临其境感觉的交互式视景仿真。“它是现代高性能计算机系统、人工智能、计算机图形学、人机接口、立体影像、立体声响、测量控制、模拟仿真等技术综合集成的成果，目的是建立起一个更为和谐的人工环境。”①韦特默在“虚拟空间与现实世界”一文中为“虚拟环境”下了个更为宽泛的定义：“一个由计算机生成的、可与主体产生互动的模拟空间。”②

虚拟实在技术的核心是通过计算机产生一种“身临其境”的具有动态、声像功能的三维空间环境，而且使浏览者能够进入该环境，直接观测和参与该环境中事物的变化与相互作用。由此我们可以归纳出构成虚拟实在的两个基本条件：一是必须存在一个由计算机生成的虚拟场景，这个虚拟场景能令用户暂时脱离现实世界，产生一种现场感；二是用户必须能与这个虚拟场景进行互动，产生一种参与感，这种互动可以是感官上的，也可以是心理上的。现场感和参与感均以用户的主观心理为衡量标准。虚拟实在技术包含了三个基本要素：操作者（operator）、机器（machine）及人机界面（human-machine interface），这个定义就凸显了人机互动的技术色彩。这里所说的“互动”不再仅仅局限于纯粹的生理层面，而更多地涉及了心理层面。虚拟现实中的场景是虚构的，它既可以是真实世界中场景的重现，也可以是完全虚构的场景。用户既可以通过对虚拟场景的感受产生“看起来像真的，听起来像真的，摸起来也像真的”的全方位感受，也可以仅仅借由用户的想象力得到现场感和参与感。韦特默对互动的定

① [美] 迈克尔·海姆. 从界面到网络空间：虚拟实在的形而上学 [M]. 金吾伦，刘钢，译. 上海：上海科技教育出版社，2000.

② 陶侃. 虚拟环境中基于问题情境的认知活动与学习交互 [J]. 开放教育研究，2012（4）：36.

义与G.伯第亚(G. Burdea)提出的虚拟环境的三要素——沉浸性（immersion）、交互性（interaction）和构想性（imagination）——相吻合。[①]

具体来说，虚拟现实的实现过程涉及3个世界，也就是约翰·L.卡斯蒂在《可能的世界：计算机仿真如何改变科学的疆域》一书中所指出的：真实世界、数学世界和计算世界三个世界。[②]这其中蕴含的演变逻辑是十分清晰的：真实世界被符号化为数学世界，然后再现为计算机虚拟世界。数字、语言等符号在这个转换过程中起到了中介作用。首先是真实世界被数据化，待仿真的事物被用各种数据采样下来。其次是进入数学世界，数据从采样变成没有质的区别的比特流。最后是再现为虚拟世界，离散的数据流被还原为连续的感官形象。由于存在着两次转换，最后再现的虚拟世界有可能和原来的现实世界有所差别，它一头连接着数学世界，一头连接着真实世界，因此，这种虚拟“现实可能是多重的或者可呈现为许多形式”[③]。

上述的虚拟实在是客观化角度的呈现过程，当然虚拟实在技术需要将真实世界中的各种信息传递给用户，并且这种虚拟场景对真实世界的建构越逼真越好。但是，同时我们也要看到用户对信息的反馈和反映是最重要的。有时虚拟实在的生成并不需要现实世界的参照物，而只是一种思维空间中构想甚至是幻想出的存在，这种虚拟本身就是客观的存在，技术只是提供了把幻想转化成现实的条件而已。无论虚拟实在空间模仿的是人类主观感觉的那个世界还是客观存在的那个世界，关键是用户的感觉真实与否，假如用户感觉不到虚假形象的欺骗作用，那么就可以认为是真实的虚拟。虚拟实在可以给用户带来真实的信息体验，产生信任的感觉，即相信他/她真实地处于那个环境之中，真正地参与其间，而不是在那里旁观。

---

① 汪成为，等.灵境（虚拟现实）技术的理论、实现及应用[M].北京：清华大学出版社，1996：5-6.

② [奥]约翰·L.卡斯蒂.虚实世界：计算机仿真如何改变科学的疆域[M].王千祥，权利宁，译.上海：上海科技教育出版社，1998：217-222.

③ [美]马克·波斯特.第二媒介时代[M].范静哗，译.南京：南京大学出版社，2000：41.

“虚拟使人类第一次真正拥有了两个世界：一个是现实世界，一个是虚拟世界；拥有了两个生存平台：一个是现实的自然平台，一个是虚拟的数字平台。”[①]虚拟实在“带来的是个人主体虚拟化的生存”[②]，在此虚拟已经变成了另一种意义的实在，即体验意义的数字化方式的实在。这种转变涉及对虚拟实在本质的追问，其中的问题是如何打通现实世界和虚拟世界之间的通道，实现虚拟与实在之间的连接。迈克尔·海姆巧妙地走出了这种困惑：“虚拟实在的本质最终也许不在技术而在艺术，也许是最高层次的艺术。虚拟实在的最终承诺不是去控制或逃避或娱乐或通信，而是去改变、去赎救我们对实在的知性……虚拟实在承诺的，不是性能改进的吸尘器或更吸引人的通信媒体或更加友善的计算机界面。他所承诺的是圣杯。”“最终的虚拟实在是一种哲学体验。”[③]

2. 哲学维度下的虚拟实在

既然虚拟实在的出现标志着技术与实在的某种新型关系，那么对虚拟实在的解读应落脚在“虚拟”和“实在”两者之间的关系上，透过虚拟实在的技术层面的数字化形式去把握文化哲学层面上的中介革命性质的虚拟实在，以此反思虚拟实在的本质之所在。

对虚拟实在的定义应该表明，虚拟（virtual）的意思是“尽管形式上不被认可或承认但实际上或效应上存在的”，“严格而论或就名义上而言虽然不是，但实际上是”；实在（reality）的意思是“一种真实的事件，实体或事态”（a real event，entity，or state of affairs）。将两者合起来就是“虚拟实在就是一种在效应上而不是在事实上真实的事件或实体”（Virtual reality is an event or entity that is real in effect but not in fact）[④]。

迈克尔·海姆考察、归纳了在他之前的研究者们对虚拟现实所提出的七种不同的界定，它们是技术和理论先驱们为我们提供的指导VR研究

① 陈志良．虚拟：人类中介系统的革命［J］．中国人民大学学报，2000（4）：57.

② 孟建，祁林．网络文化论纲［M］．北京：新华出版社，2002：21.

③［美］迈克尔·海姆．从界面到网络空间：虚拟实在的形而上学［M］．金吾伦，刘钢，译．上海：上海科技教育出版社，2000：128–142.

④ 严耕．网终悖价［M］．北京：国防科技大学出版社，1998：14–15.

的七种不同概念[①]：

（1）模拟性。虚拟实在是计算机图像系统对真实景象的逼真模拟，同时三维音频也令虚拟实在增色不少。

（2）交互作用。在一些人看来，虚拟实在就是他们能与之进行交互的电子象征物。

（3）人工性。虚拟实在是一种人造物。

（4）沉浸性。虚拟实在的音像和传感系统能够使使用者产生浸没于虚拟世界中的幻觉，即虚拟实在意味着在一个虚拟环境中的感官沉浸。

（5）遥在（telepresence）。虚拟实在能够使人实时地以远程的方式于某处出场，即虚拟出场。此时，出场相当于“在场”，即你能够在现场之外实时地感知现场，并有效地进行某种操作。

（6）全身沉浸。这是一种不需要人体传感器的方式，摄像机和监视器实时地跟踪人的身体，将人体的运动输入到计算机中，人的影像被投放到计算机界面上，这使得人可以通过观察他的投影的位置，直接与计算机中的图形物体（图片、文本等）发生交互作用。换言之，人成为自己的虚拟实在。

（7）网络通信。虚拟实在可以通过网络实现共享，使用者通过自行规定并塑造虚拟世界中的物体和活动，就可以不用文字或真实世界的指称来共享幻想的事物和事件。

海姆认为，这七种说法或七种阵容都在沿着不同的方向探索，但都没有达到目的。按海姆的说法，虚拟现实具有如下四种本质特性[②]。一是主动性/被动性：由于计算机让虚拟实在系统与人进行交互，允许使用者有更多的参与机会，因此在被动和主动之间发现了一种可以控制的平衡；二是操纵性/感受性：虚拟实在向操纵一方倾斜，甚至具有一种不易察觉到的、侵略性的、第一人称态度的倾向。使用者必须能被虚拟世界中非第

① ［美］迈克尔·海姆．从界面到网络空间：虚拟实在的形而上学［M］．金吾伦，刘钢，译．上海：上海科技教育出版社，2000：111–119.

② ［美］迈克尔·海姆．从界面到网络空间：虚拟实在的形而上学［M］．金吾伦，刘钢，译．上海：上海科技教育出版社，2000：130–132.

一人称实体所打动，能为它们动情。操纵之矛应与感受之杯相结合；三是从远距离出场：虚拟实在的视偏（visual bias）增加了遥在的脱离感。虚拟实在可以开发出一种反馈，整个身体的开放性和敏感性参与其中；四是强化的实在：虚拟实在具有强化实在的作用，允许虚实之间更加平滑和有序地过渡。这四个方面又可以归结为三个“I”特征：第一，身临其境的沉浸感（immersive）；第二，人机界面的互动性（interactivity）；第三，实现远程显现的信息强度（information intensity）。①

从功能上来讲，虚拟的价值在于能够获得和控制数据，通过信息的处理，创造一种虚拟环境来实况再现远距离的各种现象。虚拟性反映了计算机生成的空间与现实世界之间的关系，这种关系表现在它既可以是实，即生成的场景是对现实世界的再现，又可以是虚，即生成的空间不同于现实世界。虚拟世界作为现实世界的局部对称或非对称镜像，代表了人类超越的愿望和创造的动力，人们正是通过各种人工建构的虚拟影像进行互主体的社会交往的。

曼纽尔·卡斯特认为，由于一切沟通形式都基于符号的生产和消费，在现实与象征再现之间并没有什么区别。所以，现实总是虚拟的，因为现实总是通过象征而被感知的，而这些象征以其逃离严格语意定义的某种意义而架构了实践。人类生存在象征环境的社会里，并透过象征环境而行动，因此经由电子整合的网络所呈现的沟通并非是虚拟实境，而是建构了真实虚拟（real virtual）。而在真实虚拟的沟通系统里现实本身（意即人们的物质与象征存在）完全现身且浸淫于虚拟意象的情境之中，那是个“假装”（make believe）的世界，其中表象不仅出现于屏幕中以便沟通经验，表象本身便成为经验。②

可以看出，虚拟实在的构成不仅需要以计算机数字平台为依托，更重要的是要有网络用户的实时参与。在适人化的多维信息空间中，用户在对人生成的虚拟实在环境中作为其中的一个环节而存在，所以对虚拟实在的关注焦点应落在对人的分析上。

---

① 张怡，郦全民，陈敬全．虚拟认识论［M］．上海：学林出版社，2003：58.

② ［美］曼纽尔·卡斯特．网络社会的崛起［M］．夏铸九，王志弘，等，译．北京：社会科学文献出版社，2001：462–463.

一是身与心。马克思曾说过："自然科学……将包括关于人的科学，正像关于人的科学包括自然科学一样：这将是一门科学。"[①]虚拟世界给人类生活世界、生活状态、生存形式带来了具有革命性意义的改变，因此对虚拟实在的审视不应仅仅局限于技术层面的客观化视角，而应在更高的人机互动关系层面进行理论剖析。

通过解读西方哲学史可知，实在与虚拟的关系问题在西方哲学的发展中主要以"身"与"心"的面目呈现。

柏拉图认为"真正的实在"（really real）是理念形式（ideal forms）的，理念相对于人的灵魂，灵魂是理性、意志和欲望三部分的和谐统一体。所谓实在就是分有和模仿理念的结果，而身体则是受制于灵魂的理念影子。亚里士多德将柏拉图的理念降为次一级的实在，降为从真正的实在中抽象出来的脆弱的形状。而真实的实在对亚里士多德而言，是我们接触并感觉到的在我们周围的个别的物质。在中世纪，实在的事物是具有符号意义的东西。物质的东西则不那么实在。邓斯·司各脱赋予了"虚拟"最初的哲学含义，他所创造的拉丁词语virtualiter（具有可产生某种效果的内在力的）是用来说明他的实在理论的对立面的。一个事物的概念不是以形式方式而是以虚拟方式涵盖经验属性的，从而沟通形式上统一的实在与杂乱无章的经验之间的鸿沟。[②]

近代西方哲学实现了认识论的转向，以认识主体和认识客体的对立为模式开启了不同的认识程序，这种依托于本体论承诺的新认识论路径肇端于笛卡尔。唯理论哲学家笛卡尔的身心二元论奠定了近代西方哲学的基本范式，也塑造了近代科学文化的基本精神。笛卡尔强调心灵与感官视觉在平行面向的不平衡性，强调是由心灵"看"到的符号而不必须用眼睛直接与视觉有所关联。他认为："身体的知觉是不可靠的，唯有理性的心灵才能提示世界的本质。"[③]从而勾画出一个脱离开身体（肉体）以心灵（精神）样式存在的主体图像。

① 马克思，恩格斯．马克思恩格斯全集［M］．第42卷．北京：人民出版社，1956：128.

② ［美］迈克尔·海姆．从界面到网络空间：虚拟实在的形而上学［M］．金吾伦，刘钢，译．上海：上海科技教育出版社，2000：137.

③ 曾国屏，等．赛博空间的哲学探索［M］．北京：清华大学出版社，2002：58.

对存在主义哲学家梅洛·庞蒂来说，身体和主体是同一个实在。身体常常或者说本质上处于知觉者和被知觉者的双重地位上：身体既是主体，又是被显现的对象；既是存在着、经历着的对象，又是现象发生的场所。知觉的主体既不是精神的，也不是物质的，这个主体同时是思维着的主体，又是肉体的我。①

虚拟实在的实现过程表明，当用户一旦沉浸在虚拟之中时，世界就是我感觉得到的那个世界。虚拟产生一种“实际化”的革命，让主体在感觉层面上产生效果上的等同性。当用户通过一些特殊的外部设备、高性能计算机以及相应的软件来沉浸于计算机所创造的虚拟环境中时，会分辨不出虚拟与真实之间的差别。主体的整个身心完全融入到客体的情境中，暂时地忘却身边的现实世界。在这种兼具视觉、听觉和臆想等特征的沉浸感中，用户身与心的组合产生的感觉与行动都和人在自然状态下的情形相似，犹如感受真实世界。

虚拟本身的互动特性决定人不但创造并改变虚拟环境，而且虚拟世界也深刻影响着人获得客观世界信息以及重构客观世界模式的方式。在虚拟实在中更主要的是看到身与心的结合，这种结合为认识主客体的关系提供了新的视角，产生了新的认识论问题。“由于人类日益和技术纠缠在一起并通过技术和其他人交织在一起，因而什么是特别属于人的和什么是特别属于技术的这两者之间原有的区分变得更加复杂。”②而“虚拟实在就是这么一种技术革新，它可以用于人类的每一种活动，而且可以用来中介人类的每一个事物。由于你全身心地沉浸在虚拟的世界之中，所以虚拟实在便在本质上成为一种新形式的人类经验”③。这种新的人类经验形式给身与心的结合提出了更多的前景式追问：“虚拟现实在以一种更加基本的方式改变着我们与信息的关系。它是一种让人主动利用身体来搜寻知识的智能技术。这是否意味着抽象符号的死亡以及坐姿智力的消失呢？我们是

① 赵敦华.现代西方哲学新编［M］.北京：北京大学出版社，2000：214–216.

② 邓宁，鲍勃·麦特卡菲.超越计算［M］.冯艺东，译.保定：河北大学出版社，1998：148.

③［美］迈克尔·海姆.从界面到网络空间：虚拟实在的形而上学［M］.金吾伦，刘钢，译.上海：上海科技教育出版社，2000.

否将要发明出新式的三维色彩加动画的符号来与我们进行交互作用，而不是被动地等待让我们去阅读呢？这种心与身的结合会不会创造出一种新的智能？”[①]

二是可能与现实。“虚拟，一般来讲，不是同真实而是同实际相比较的。同静态的并且形式上已经被构造的可能不一样，虚拟是一类存有疑问的复合体。”[②]一般来说，有三种不同形式的虚拟：一是对实存事物的虚拟，可称之为仿真性虚拟，即对象性的虚拟或现实性的虚拟；二是对现实超越性的虚拟，可称之为超越性虚拟，即对可能性或可能性空间的虚拟；三是对现实背离的虚拟，可称之为幻象性虚拟，即对现实的不可能的虚拟。[③]因此所谓虚拟就是“可能在现实中出场，也能是在现实中根本不可能出场的东西”[④]。

前面我们已经说过，一个具体的虚拟过程存在着在真实世界、数字世界和计算世界之间的两次转换，两次转化之间有着原始信息和再现信息的部分失真，最后呈现的计算机虚拟世界颠覆了传统的真实世界与感性世界之间的等同性。所以说，计算机虚拟世界只是一种潜在的可能性，它的背后并非真实的物质世界，人们正是通过虚拟在现实中寻找可能、在可能中寻找现实（感觉的等效性）。

西方传统的现实性思维模式是立足于现实性的，也就是把诸多可能性中已经实现的可能性当作了唯一的基础。亚里士多德哲学中有一对重要范畴——潜能与现实，潜能有三种含义：能和能力、可能、潜能。现实有动态意义的“实现”和静态意义的“现实（达到目的）”的区别。可能性则是相对现实性而言的，是一种未曾实现的现实。可能性本身意味着一种逻辑的现实或者说是逻辑的在先性，可能和现实之间存在的纯粹逻辑联系说明可能已经具备与真实、实在相同的功能，只是没有能够成为现实的存在。可能若是转化为现实还需要一定的中间发展环节为自己开辟道路，这

① ［美］迈克尔·海姆．从界面到网络空间：虚拟实在的形而上学［M］．金吾伦，刘钢，译．上海：上海科技教育出版社，2000.

② 张怡．虚拟实在论［J］．哲学研究，2001（6）:73.

③ 陈志良．虚拟：哲学必须面对的课题［N］．光明日报，2000-01-18.

④ 张世英：希望哲学［J］．学海，2001（3）.

就是偶然性所起的作用。“可能性和偶然性是现实性的两个环节，即内与外，作为被设定起来的两个单纯的形式，这些形式构成现实事物的外在性。”①“现实是本质和实存或内与外所直接形成的统一。”②显然，可能性是现实性的单纯的内在性，真实的实在总在展现为现实性时表现为必然性。

人作为可能与现实的集合体是通过实践活动塑造自己本质的，在现代社会中人的本质的实践生成主要是依赖技术来完成的，技术因此成为人的身体的组成部分。技术为人的可能性的展开提供了双面的作用：一方面，技术通过弥合身与心的缝隙实现人的潜能，为人的发展开拓了广阔的可能空间；另一方面，技术所展开的可能性只能是有限的，所以它在规定和实现某种可能性的同时必然会遮蔽和遗忘更多的可能性，把可能性展开的复杂度扁平化。所以，可能性的展开是有限度的，可能的界限有两个：一是限制与属于不可设想范围的事物有关，二是限制与社会整体文化是同质的。

在虚拟场景之中，人必须通过计算机构建的数字平台才能出场，但是这种数字平台的运转也得必须有人的在场才行。所以，人恰恰是以技术条件依赖的被动性为前提来实现自己的主动塑造的目的。虚拟实在提供了数字化的感性真实存在，我们通过数码符号投射自己的愿望以构筑活动空间。人的数字化出场无疑会影响到不同个体之间、人与社会之间、人与自然之间的新型关系，而数字符码为人的可能和现实的转化提供了无限的空间。所以说虚拟的本质是人的实践创造，人的创造填充了所有可能的内容。虚拟“构造”的特性，让主体本身融入实践的过程之中，主体与客体达成“平等”的“对话”“交流”，达到主体即客体、客体即主体的境界。

三是真实与虚拟。虚拟“使因特网把它的功能指向了不可能的可能，使不可能的可能在人类社会上第一次成为一种真实性”③。虚拟的真实性问题一直是一个富有争议性的问题。西方传统视域中的真和假的划分依赖于

① 黑格尔 . 小逻辑［M］. 第 2 版 . 贺麟，译 . 北京：商务印书馆，1980：300.

② 黑格尔 . 小逻辑［M］. 第 2 版 . 贺麟，译 . 北京：商务印书馆，1980：295.

③ 陈志良 . 虚拟：哲学必须面对的课题［N］. 光明日报，2000-01-18.

主体和客体的二分，主体通过对变幻客体的对应来获得感性直观，或者通过分有永恒的理念来获得相应逻辑概念。所谓的真理就是符合逻辑概念的东西或出现在感性直观中的东西。

在虚拟环境中，主体和虚拟实在之间所对应的契合性和真实性端赖于主体的实际感知效能，虚拟的实际效能决定虚拟可以产生一种“真的假”和“假的真”，虚拟的实际效能的决定权在于可感知主体的综合感知。1991年拉塔提出虚拟实在的三要素：真实度（degree of realism）、可感测的环境（sensory environment）和个体的控制（individual control）。强调虚拟实在更多的是一种体验而不是技术，虚拟实在应以用户为主，最终的决定权掌握在用户手里，即用户是否相信自己的体验。虚拟现实技术所强调的正是一种功能上的、现象上的显现（present），而不是实体意义上存在（existence），人们在这种虚拟环境中所获得的真实感主要来自知觉上的体验。

法国著名文化学家鲍德里亚(Jean Baudrillard)将后工业化社会的生活看成一个完全符号化的幻象。他指出，人们生活在其中的现实已经被符号化的超现实（hyperreality）所取代，而这是文艺复兴以来，人类不断地追求“仿真”（simulation）的必然结果。他认为，自文艺复兴以来，人类的文化价值经历了三个“仿真”阶段：从文艺复兴到工业革命，文化秩序的主导形式是仿造（counterfeit）；工业化时代的主导文化秩序是生产（production）；当代是一个符号繁衍扩展的时代，文化秩序的主导形式是仿真（simulation）。电脑网络的发展使仿真不仅意味着对原型的复制，更发展为没有原型的摹本——“拟像”（simulacra）。网络中的仿真物完全产生于符号化的模型中，其价值取决于符号代码和代码间的关联与替换（运算）。用真实再生产出来的“拟像”塑造出一个比真实还真的真实，当虚拟比真实还真实时，真实便反而成了虚拟的影子。当人们的注意力不是如何复制或抄袭现成品，而是如何用“真的”符号去取代真实事物时，真实和虚拟之间的界限便会完全失效，人们以前对真实的体验以及真实的基础便会消失。结果“在真实中仅仅是真实的东西，在幻觉的影响下消失。在真实中超越真实的东西属于一种高级幻觉。只有超越实在的东西才能超越对实在的幻觉。”①

尽管鲍德里亚将拟像独立化的激进思路显然是不可取的，但是人们能够利用数字媒体创建出现实世界中根本不存在的事物形象，它不想像某种真实的东西而能够真实地想象某种东西。“我们的意思是说这不是一种十分真实的空间，而是某种与真实的硬件空间相对比而存在的东西，但其运作则好像是真实空间似的。”②虚拟实在的出现丰富了人们的存在样式，使用户达致在真实和虚拟之间自由“入场”和“出场”的境地，为人本质的多维展开和解蔽提供了一个良好的空间架构。

三、网络空间的技术瓶颈

技术是一把双刃剑，既可以给人类带来天堂的福音，也可以给人类招来地狱的回响。网络技术同样如此，网络技术既可以带来政治、经济以及文化等诸方面的社会进步，也会带来一些已知和未知的负面影响。网络延伸了人类生活的整体，但是又会带来一些人在现实生活中生活能力的衰减。一句话，网络还具有自身无法避免的缺陷，同样面临着一些特有的难以突破的瓶颈。

（一）网络的脆弱性

在网络给人们带来方便迅捷的通讯和联系手段，带来快速捕捉信息的工具，带来交流方式（时空两方面）的变革，带来新的生活空间的时候，网络产品的标准化也在不断限制人们的选择，对网络的依赖实际上使人们更缺少了自由（因为离不开网络），网络社会的疾病比如信息膜拜等也正在逐渐蔓延。人文精神的缺位，使得网络诱导着人们的不良行为，进而破坏人类自由的社会基础。我们不否认上网后的积极因素（当然有不同看法）。

网络技术自有其自身的民粹主义的设计理念和技术逻辑。网络的迅

① ［法］让·博德里亚尔．完美的罪行［M］．王为民，译．北京：商务印书馆，2002：22.

② ［美］迈克尔·海姆．从界面到网络空间：虚拟实在的形而上学［M］．金吾伦，刘钢，译．上海：上海科技教育出版社，2000：137.

速发展壮大离不开众人的参与和建设，正是因特网上的众人以真正民间的方式建立了万维网。网上的每个人作为一个节点（孤立的）处于网络互联的连环中，为维护自身的各种信息权利和利益而进行动态的网际联系。每个网络技术都以为众人最大限度的信息共享作出的贡献度而树立自身在技术体系中的地位，那些不能符合贡献要求的技术无疑是会被限制乃至被淘汰的。抛开技术使用的目的之外，即使就技术本身而言也有其内在的强制性。网络技术是个集成的标准化体系，硬件和硬件、硬件和软件以及软件和软件之间必须达到功能上的兼容，尤其是操作系统的垄断性和限定性造成一定程度上的僵化性，技术使用的惯性会牢牢将用户“锁定”在一定的技术标准上。尽管网络技术的升级提供了一定的开放式解决问题的思路，但是升级本身在提供希望的同时也将用户固定在这种技术上，无疑更是造成对技术的依赖。依赖性就相当于脆弱性，网络技术的作用和影响越大，就意味着网络的渗透作用越大，人们对网络的依赖性就越大，这种依赖就会到了一种脆弱的地步。

因特网具有“无量度网络”的结构特点。因特网空间具备了开放式参与（open participation）、结构一致（consensus building）、不存在层级制的中心控制节点等特性。这些特性使得因特网某种程度上可归为“无量度”。在这种“无量度网络”中，只通过一条线路与因特网相连的节点最多，有两个连接节点的要少一些，有三个连接的更少，以此类推。这一特点意味着，因特网中存在着少数关键节点，它们有着非常多的连接。这些重要节点如果4%失效，在理论上就存在大面积瘫痪的可能性。

网络信息传递中存在着安全性隐患。网络具有以下特点：数字生存、无主题、无中心、没有权威、个体自主、动态的联系、全方位、多元化，因特网的这些特点建立在网络信息传递的基础之上。网络信息传递采用“动态路径选择”即时传递的方式，信息的收发方之间不存在特定的“点对点”通信路线，没有中心控制点和中央控制，这使得信息的流动在发布者和收看者之间是公开的，这容易造成隐私的泄露。隐私和安全是一对矛盾。从技术上而言最安全的上网方式就是不上网，但是不上网又无法享有只有上网才可以享有的信息自由度。网络技术的飞速发展使得用高新技术收集隐私成为可能，而技术造成的滥用隐私的后果仅靠技术又无法完美解决。人类为自己设计了一个理想而自由的空间，然而又把自己困在这个网中间，成为难于解脱的网络自由的悖论。

个案举例：

自1987年10月发现第一例计算机病毒以来，计算机病毒增长速度已远远超过计算机本身的发展速度。计算机病毒一旦与网络联姻，其传播速度更快、范围更广，危害就更大。“电子珍珠港事件”——莫里斯蠕虫案就是一个典型的例子。

1988年11月2日晚，美国一青年莫里斯在做自己的病毒“实验”时，由于小小的疏忽，病毒程序自我复制失控，顷刻间广泛扩散并导致美国国防部ARPANet网上的电子计算机突然停止工作，终端屏幕上显示出一系列乱七八糟的符号。ARPANet网连接着全国三百个大学、私人公司、研究中心、军事基地和国防部研究机构的六千台电子计算机。与该网络相连的全国军用、民用电子计算机网络——东起麻省理工学院、哈佛大学、马里兰海军研究实验室、马里兰大学，西到加利福尼亚大学伯克利·圣地亚哥分校，以及弗吉尼亚的太空总署研究中心、斯坦福大学国家研究所、兰德公司研究中心的电子计算机网都同时出现了故障，整个网络瘫痪了24个小时。网络刚一瘫痪，正在进行国际、科技研究工作的人员顿时陷入一片混乱之中，手忙脚乱而又无可奈何。与此同时，电子计算机却紧张地运行，将输入电子计算机的快速扩散性病毒程序大量复制，并迅速地提供给自己相连的网络，致使它们也相继“罢工”。到11月3日下午，美国共有六千多台联网的电子计算机遭受病毒侵害，陷入了瘫痪或半瘫痪中。

个案评析：

因为因特网没有国界，所以因特网的安全性就是国界，我们必须有意识地塑造一个安全的数字化环境。总的来说，计算机网络的安全性，是由数据的安全性、通信的安全性和管理人员的安全意识三部分组成的。对计算机安全造成巨大危害的一个典型技术因子就是计算机病毒，计算机病毒的出现说明随着电子媒介出现的高度互联性加重了社会网络的脆弱性。

从技术与人的关系来看，任何技术都具有一定性质的生物特性。正是在仿生的意义上我们称计算机为电脑，病毒也是如此。病毒本来是指在活的有机体间传播疾病的介质，把它移用到电脑上就强调了电脑与活的有机体间的相似性。计算机“病毒”就是附着于其他程序或文件上的一个很小的“程序”，或者说是一组指令，它在进行自身常规操作的同时又可以复制自己。

按照病毒的隐喻暗示，“电脑网络已经形成一个新的社会机体……人类与机器间的共生合成体（symbiotic merger）可说是正在形成”[①]。共生合成体的形成已经影响到人类身体在世界中的位置界限，病毒也许是网络有机体中的DNA变异，这种变异是机体自身不可避免的东西。从外显的知识权力机制层面而言，病毒的出现可以视为一种新的俄狄浦斯式的对抗形式，所抗衡的是控制着电脑化信息的那些人。但是不论病毒的源头如何，由于网络结构的“无量度”特点以及信息传播的高速使得病毒必然会大量地殃及无辜，技术弱势群体在病毒的传播圈子里无疑是很难有抵御力的最大受害者。

（二）信息的数字化

计算机网络对于人类来说是一种符号工具，人们通过计算机所创造的虚拟实在的世界就是一种符号世界。

卡西尔曾说过，人是制造符号的动物。所谓人通过制造工具而改变了人与世界的关系，也就是说以特定的工具为手段为人创造了一种特定的符号世界。人正是通过主体—符号—对象（客体）的三元性符号关系去反映世界、解释世界和把握世界的，人也只有通过符号才能使世界成为为人理解的世界。一个符号由一个词和头脑中的一个图像组成，它联系着一个指涉物，即“真实”世界中的一个“物（thing）”。当个体之间进行符号交换时，符号就变成象征性的了；它们的意义在个体之间含混地流动，这种意义必然与彼此的关系相联系。

世界在符号中呈现，人在符号中看世界。人的认识活动既表现为以

① ［美］马克·波斯特．信息方式［M］．范静哗，译．北京：商务印书馆，2001：11.

符号为中介的活动，也表现为以符号为内容的认识结果。人因符号而形成的符号世界一身兼二任：世界，是客观的；符号，是主体对世界认识的结果。美国哲学家苏姗·朗格（Susanne K. Langer）认为，符号可以分为两种，一种是推理符号，另一种是表象符号。自然语言属于推理符号系统，艺术属于表象符号系统。表象符号是一种非语言的符号，它传递的是非语言信息。表象符号并不具备符号的全部功能，它的意义就在于它自身，在其整体复合之中。[①]德里达认为符号具有以下特征：第一，符号是任意的，不能从非符号过程中推导出来。符号的所指是非存在或缺席的，就是说符号与指涉的关系总是受另一些符号的居间调节，因而不可能绕开符号直接接近指涉物。第二，符号首先是外在的或物质的组合，是声音和视觉的标记。第三，符号具有普遍性，是可重复的和可替换的。其原因是符号的相对性，即符号的意义是由它与另一些过去的、当前的和未来的符号的关系形成的。第四，一个符号的每一次出现，都与它的另一次出现以及所有其他符号有所不同。我们对一个符号的判断必然会因为把它铭刻在新的背景中而改变符号的意义。符号的意义既取决于存在着无限的可能性，也取决于对这些可能性的限制。

语言是最主要的符号形式。语言包括能指和所指两个部分。索绪尔曾指出：能指与所指的联系是任意的，能指与所指的连接构成语言符号，因而可以说语言符号是任意的。能指指语言的读音符号，所指指符号代表的意义，它们共同构成语言符号这枚硬币不可分割的两面。

语言提供了人类信息沟通的重要中介。人从出生开始就生活在一定的语言环境中，语言于他不仅是表达方式，更是认识世界的方式，也是个人沟通的媒体。人与世界最基本的关系是理解与被理解的关系，认识与改造是在理解的基础上并为了理解而进行的。理解行为是达致沟通的主要行为，但是理解的基础和前提是语言。只有通过语言哲学范式的逻辑运演和中介交流，才能在提供全面分析语言所有职能的概念框架下建构沟通理论。巴别塔作为西方想象中最重要的一次集体工程活动，就因为人类语言（以及随之而来的心智）的分离而沦为一次原罪式的失败，这也从反面说

① 居延安.信息·沟通·传播［M］.上海：上海人民出版社，1986：102.

明了语言沟通的重要性。

语言作为实现人们目的的信息传递中介，本身就凝聚了人类的认识结晶和精神财富，代表了人类抗拒遗忘的记忆进程。所以海德格尔说，语言是存在的家。“为了我们之所是，我们人类终究委身于语言之内，永远不能步出它之外而从另外的地方看它。因而我们总在语言给予我们的观点和它把我们转让给它的限度内看语言的本质。”[①] 人正是通过语言在世界上出场的，不同语言形式代表了不同的认识存在的方式。丹尼尔·贝尔认为，特殊的语言不仅是特别的说话和表达方式，而且也是感知和认识世界的特定方式。

人类总是通过各种方式对世界提问，每种提问方式都揭示一种对世界的语言陈述方式。技术思想家芒福德正确地意识到，人不是工具的制造者，而是意义的创造者；语言的进化比武器和工具的进化更原始、更具先导作用，一切工具的进化都以特定的语言进化为前提。计算机的出现代表了一种新的对世界提问的方式，即数字编码语言形式。

网络空间中的所有信息都必须经过数字符码化处理，才能在电脑空间加工、储存和转播。所谓数字化，便是通过对事物的属性进行分割采样而化约为数据库，进而纳入适当的算法程序中加以处理。文字、声音、图像、动画、多媒体等都可以在一定算法下进行抽象，转换成纯形式的数据结构。在“数字”这个超级能指面前，任何事物都是编码操作的可能对象，现实也变得越来越适于通过电脑来表现。

因特网络最重要的标志，就是用数字二元比特取代了原子，并使之成为人类社会的基本要素。原子即“实存”，属于工业实践特征。“比特没有颜色、尺寸或重量，能以光速传递。比特是一种存在的状态：开或关，真或伪，黑或白。”[②] 比特（bit）是信息的基本组成数码要素，电脑空间中的信息都是数字化符码的不同组合转换形式。所有的信息必须简化为

① ［德］海德格尔．存在与时间［M］．陈嘉映，王庆节，译．北京：生活·读书·新知三联书店，2006：189–190.

② ［美］尼葛洛庞帝．数字化生存［M］．胡泳，范海燕，译．海口：海南出版社，1997：24.

二元比特的“位元存储+电脑”的形式，才能以直追光速的速度跨越网络相互传递。[①]数字化的本质就是转化，以数字形式转化。真实世界中连续的物理时间和空间，转化成了一种非线性的数字化比特存在，并由此展示了一种与在现实社会中不同的能指、所指与被指（referent）关系。电脑网络中的虚拟是数字符号超越了图形符号和语言符号，数字符号也是一种语言符号，只不过是人工语言符号，不同于自然语言。但是电脑内部运行的是数字符号，外部显现的则是自然语言。电脑屏幕窗口上显现的各种图形和文字都是电脑数字符号运算的结果，只不过整个过程隐身在电脑后台。电脑的高速运行使得我们可以忽略相互之间信息传播的时间延滞，感觉到的只是所见即所得的多媒体文本样式。

“比特”由“二进制”（binary）和“数字”（digit）两个词压缩而成，二进制数字是一种抽象程度达到极限的符号形式：0和1表达了一种纯粹的形式差异，并不负载任何具体的意义内容。比特的出现使得信息第一次不仅在内容上而且在形式上获得了统一性，任何内容的物理世界中的连续信息流都可以通过离散的比特数字流来得到展示，任何量化的信息都可以压缩在比特的空间排列所构造的数据库中。比特的出现使得信息的复制和传送更容易以符合标准化的形式进行，不同形式的信息之间的相互转换在统一的数字符码面前没有任何形式上的阻碍。文本之间的数字复制打破了原件和复本之间的差别，况且复本可以依据感官美学要求进行进一步的修改处理，打造出来的最终作品有可能比原作更为美观和逼真。由于比特很容易在网络之间快速传递，所以经过数字化编码的文本可以在远程显现的另一终端显示器上得以复原，并通过用户的创造性解读增添新的意义和内容，从而获得一种剔除神秘而日益透明的遥在般的在场感。尽管比特形式的数字化[②]编码是人类对抗遗忘的一种抽象的数学记忆方式，并且达到了

① 王长友，等.知识·经济·生存［M］.北京：中国建材工业出版社，1998：75–76.

② 数字化代表了人类抽象的极致形式。现实中的四维事件（戏剧）被抽去时间而定格为三维形象（雕塑）；三维立体被抽去深度而压扁为二维图形（绘画）；二维平面被抽去幅度而简化为一维线条（书写）；一维的书写符号进一步被抽象，失去任何广延空间而成为无形的“数”。同时，通过电脑的数字解码又可以在二维平面的屏幕上还原和再现以往被编码过的所有维度。

信息传递的高效率，但同时也内含了对感性的过滤和遗忘，抹平了原件和复本的任何区别。

（三）身体的缺席

任何技术都是一种基于特殊的反生物工程学的自我诱导性身体突变，技术带来的影响首先表现在人类交往的接触方式上面。语言发明之前，人们是通过物理手段进行身体接触的，语言和文字发明之后，通过报纸、书籍、传媒等不同文字表现形式，人们可进行远距离的非身体接触，当人们透过现象思考客观世界的本质时，就形成了以心理哲理分析为主体的精神接触。网络的发明无疑也会影响到人类的接触方式，网络空间中人们开始借助比特进行数字化接触。

美国学者Margaret Wertheim认为，网络空间恢复了西方长久以来随科学发展而逐渐褪去的心物二元论传统。她认为早期西方哲学思想最大的特色在于把物质与精神对立起来的二元宇宙观，而且在思考人类的本质时，偏重于精神面。[①]网络空间中人际交往的精神因素无疑得到了凸显，其背景是心物的二元分离。约翰·费斯克曾将大众文化对受众的影响分为“逃避”和“对抗”两种，他认为“逃避和对抗是相互联系的，二者缺一不可。它们都包含着快感和意义的相互作用，逃避中快感多于意义，对抗中则意义较之快感更为重要”[②]。数字化的网络交往对网民来说就同时提供了这两种影响。网络交往是通过信息的数字化编码和解码而进行的一种非面对面（face to face）的沟通（in-person communication），而是一种电脑支持下的文本交流（computer-medias communication）。换言之，是网络社区的人际互动的一种身体的“缺场”（指物理躯体不在场）的交流。[③]

身体（body）似乎是个简单概念，但实际上它不仅仅是我们拥有的物

① Wertheim, Margaret.The pearly gates of cyberspace : a history of space from Dante to the Internet[M]. New York:W.W. Norton, 1999.

② ［美］约翰·费斯克. 解读大众文化［M］. 杨全强，译. 南京：南京大学出版社，2006：2.

③ 林斌. 虚拟中的身体与现实［M］. 北京：北京广播学院出版社，2001：201.

理实体，它也是一个行动系统，一种实践模式。并且在日常互动中，身体的实际嵌入是维持连贯的自我认同感的基本途径。[①]按照美国社会学学者约翰·奥尼尔的理论，身体具有五种形态：世界身体、社会身体、政治身体、消费身体和医学身体。前四种身体形态皆指向着身体的社会性。医学身体就是指生理身体。网络中身体的所谓“缺席”，只是生物性身体的一种退隐。

先从生物性意义上看，身体就是作为实体——肉体（flesh）而存在的，它希望得到马斯洛意义上最低层次上的生存和安全需要的满足。法国哲学家梅洛·庞蒂说，身体“本质上是一个表达空间”，因此“身体的空间性……是一个有意义的世界形成的条件”，并断言“身体是我们能拥有世界的总的媒介。”如果说身体是各种社交场所中表达社交礼仪的工具，那么有时通过某种具体的方式，在某种具体的情形里身体同样可以用来表示对社会的拒绝。[②]

因特网用电缆、服务器、比特构建出身体缺席的世界。所谓缺席，只是生物性身体的一种退隐，一种身体与身体之间的隔离，是身体和身体之间的不能触摸、无法感受、互不相识。19世纪末，在沙皇俄国出现了“多余人”形象，电子媒体时代则把这一词序颠倒为“人多余”。马克·波斯特认为：“人类对于身体的机器复制过程已经到达这一时刻：人类正在以电脑和一般意义上的电子媒介交流系统对人脑进行一点一点地复制。一种智能性的机械身体如今已成为工业、科技和大学圈内许多人士梦寐以求之物。”[③]在网络交往中主体个性得到自由空间的扩展，摆脱了传统人际交往对人身的各种限制。网络交往使文本身体化了（尤其是在游戏中），而身体也文本化了（尤其是在写作中）。超文本就是体现了身体有机关联的系统性质的具有超逻辑的叙事结构，经过文本这个共同的交流中介，主体与

① ［英］安东尼·吉登斯.现代性与自我认同[M].赵旭东，方文，译.北京：生活·读书·新知三联书店，1998：111.

② 谢有顺.身体伦理的变迁[J].作家，2003（1）：1-3.

③ ［美］马克·波斯特.第二媒介时代[M].范静哗，译.南京：南京大学出版社，2000：12，192，23，24.

他人之间不可通约的身体差异被转换为语言结构上的差异。

人们的网上交流主要是通过语言符号进行的，网络语言交流的界面间隔可避免这种身体(主要是面对面)的接触，因此无须担心所谓的对身体的惩戒性权力（disciplinary power）的威胁。况且，网际人际传播的语言符号化，使得一些诸如面部表情、身体姿态、言语表情（如说话的语气、语调等）、个人空间（如谈话者之间的距离）等非语言符号无法在网上呈现，这时网民可能会有意、无意地强化或掩盖自己的一些真实态度。当然，语言既促进又阻碍了一定的交往：用语言符号进行交往一般也得依靠同一语种，不同语种之间的交往临时还没有普遍实现的可能。

再从社会学的角度看，身体是一种生命有机体，但身体的社会观念比这种物理模式所暗示得更广阔、更复杂。[①]社会的身体比肉体蕴含着更深层的内涵。它一般表现为身份认同和人格的统一性问题。一个人的身体往往代表着这个人或是这类人的身份，因此身体的在场就意味着某种身份的确认。人具有某种稳定的身份一般是以诸如外貌、长相乃至于年龄、职业等作为标示状态的，这些标示状态是我们长期佩戴的面具（persona），它们终究会变成身份认同与人格（personality）的一部分。西方社会学家戈夫曼将面具定义为一种积极的社会价值，在特定的环境中可以很有效地表现自己。他将人的社会交往描绘成戏剧表情，每个人都有与他人协调表现自己的方式，在社会环境中维持适当的形象，以确保获得他人的良好评价。[②]戈夫曼的理论采取了他一贯使用的戏剧论（dramaturgy）视角，以此辨析人们在不同情境中的自我呈现。互动情境的表现性设备被称为“前台”，包括场景（setting，如互动发生地的环境、设备）、外表（appearance，如年龄特征、性别、种族）和举止（mannner，包括人们期望如何行为的特定信号）。而在后台，行动者则可以放松、调整，并准备和操演前台所需的表演。[③]

---

① 布莱恩·特纳．身体与社会［M］．马海良，赵国新，译．沈阳：春风文艺出版社，2000.

② 王朝晖．“多面人”：时代变迁中的受众［J］．国际新闻界，2001（4）.

③［美］欧文·戈夫曼．日常生活中的自我呈现［M］．黄爱华，冯钢，译．杭州：浙江人民出版社，1989：22–30.

网上交流是一种无标示状态下的交流。经由网络媒介的沟通，“我们把自己的身份简化并编码为显示屏上的文字，对他人身份进行解码并打开他人身份的文件包”[①]。身体体征的退隐意味着身体所象征的身份认同可以不必受到面对面交流所带来的身份歧视和身份缺失的威胁，可以尽情通过语言来进行身份美容，从而出现网络空间中的虚拟化身和现实身体之间的不对称：一个人可能拥有几个虚拟化身（ID），也可能几个人共用一个虚拟化身（ID）。在长时期的网络语言交流中，具有某种稳定、独特的叙事风格的虚拟化身可以形成与背后控制身体的类似对应，具有自己的某种网上个性特征。当然，也有可能一个人在网上的几个ID后面分别呈现出不同的面貌来。这种交际的放纵以及多用户域中无节制的身份转换会导致出现多重人格的某种虚拟混合，造成我、你和他的共同不在场。

虚拟世界中的身体因为承载了太多的政治含义和非道德意味而往往具有浓浓的反身体、反性别、反欲望色彩，此时如若恢复身体的本真意义就需要去除人为附属的非正常赋值以回归常识状态，使过去的那种沉重的肉身摆脱不能承受之重以回到“中道”[②]起点。实际上，网络中身体的缺席，是建立在身体于现实世界里的在场基础上的。这种缺席带有两重性：一方面遮蔽身体，另一方面身体渴望彰显。网恋和网婚就是非常明显的例证。由于“在网络上没人知道你是一条狗”，身体的缺席引致的心灵不设防会迅速带来速食爱情，于是渴望虚拟想象和现实对象的衔接，结果往往是想象的美好和现实的残酷之间的巨大落差带来的“见光死”。所以说，网际交往是一种替代亲身接触的“暂时性网际联系”，这种信息交往与其说指向的是政治性问题的解决，不如说是一种网际节点之间的虚拟剧场；这种信息交往的道德践履性（moral-practical）不强，其更突出的特点是它作为一种个人“信息乌托邦”的构建。[③]

---

① ［美］马克·波斯特.第二媒介时代［M].范静哗，译.南京：南京大学出版社，2000：48.

② 柏拉图和亚里士多德都主张“中”的理想状态，既不能不及，又不能过火。柏拉图在《政治家》中主张德性和谐状态，其标准就是坚持“中道”，如勇敢就是符合中道，不及就是怯懦，过火就是鲁莽。

③ 周雷.“信息乌托邦”抑或“公共领域”：论虚拟信息交往对“公共领域”构建的影响［EB/OL］.http://hukuiz.blogchina.com/32459.html. 2004-05-29.

总之，网络空间的技术层面决定了对网络的审视不能对此视而不见，但是又不能局限于此，要超越网络的技术层面，进而从人的立场上升到利益层面乃至伦理层面。毕竟，网络空间最重要的构成因素是网络用户，而用户“利用”网络的目的不是为网络而网络，而是“用”其“利”，最终满足人的各种需要。

第二章
利益维度中的网络空间

网络作为一种技术，它仅仅是一种手段，而不是目的。网络作为手段所指向的目的就是网络利益。利益是人们任何社会实践的动力和目的，"人们为之奋斗的一切，都与他们的利益有关"①。网络的发明、应用以及迅速发展壮大的背后实际上是利益在起作用。人们根据网络所实现的网络利益主要体现在经济和政治层面，是为网络经济利益和网络政治利益。

一、技术的利益审视

网络技术是当今社会的最具代表性的高新技术，它符合技术发展的一般规律，对技术的一般理论分析同样也可以适用于网络技术本身。

（一）从技术走向利益

技术的发明和应用与人的利益发展息息相关。人作为存在是物质存在和精神存在的统一体，物质存在从性质上又可分为自然存在和社会存在。换言之，人作为生命体是自然生命、社会生命和精神生命的统一。因此，人既有自然和社会的物质利益需要，也有丰富的精神利益需要，这些

① 马克思，恩格斯．马克思恩格斯全集［M］．第1卷．北京：人民出版社，1995：187.

需要是人的生命得以真实存在的基础和前提。人为维持自身的生命存在需要不断从外界输入各种物质、能量和信息，然而自然界并没有提供足够现成的物品，人为满足需要就得自己动手从自然界中获得原来没有的东西，并且通过物质实践生产出更多的需要。正如马克思所说："由于人类本性发展的规律，一旦满足了某一范围的需要，又会游离出、创造出新的需要。"[①]所以人类不是消极地适应世界，而是积极地创造世界。创造世界的前提是认识世界，包括自然和社会、他人和自己，人正是通过认识世界来改造世界的。

人天生是一个有缺陷的动物，而缺陷本身又给了人创造的动力。人类克服缺陷进行创造的途径和工具就是技术，人是通过技术来填补需要和匮乏之间的鸿沟的。可以说，人类的缺陷就在于人的天赋不完善和人的需要之间的矛盾，可是人的长处也就在于能认识自身的短处，并通过技术来进行弥补。"人在发明工具的同时在技术中自我发明"[②]，人正是选择了技术而更加成为人，逐渐疏远了自己的生物本性。随着技术更多地满足人的各种利益和需要，技术在更大程度上成为反映人的本质力量的内在维度。当然，从这种改变意义上而言，技术也未尝不是对人的在世性的某种干预和摧毁。

任何技术都可视为由某种利益目标来进行理性导向的程序。对人类来说，一切技术不过是执行某种特殊的针对感官延伸或替代的生物功能，技术所诉诸的生物特征是适合全人类的。技术和人类利益的关联规律是"辅人律"和"拟人律"。所谓"辅人律"，就是说任何技术都是为人类提供力量、提供智慧，使人类不断地从自然界中得到更多的自由与解放的；所谓"拟人律"，就是由技术通过延长人类器官的功能来辅佐人类与自然的斗争。从"辅人律"和"拟人律"入手分析技术实际上采用的是目的和手段的分析角度。法国技术哲学家贝尔纳·斯蒂格勒指出，用目的和手段的范畴来分析技术，其根据是古希腊的四因论。在对技术的认识中，四

① 马克思，恩格斯. 马克思恩格斯全集［M］. 第46卷. 北京：人民出版社，1979：260.

② ［法］贝尔纳·斯蒂格勒. 技术与时间：爱比米修斯的过失［M］. 裴程，译. 南京：译林出版社，2000：167.

因论的传统解释偏重于动力因，即操作的因素。因为技术物不具有自己的目的因，所以生产者作为动力因的同时也成为目的因的载体，具有目的，而技术物则只是一种手段。[①]马克斯·韦伯认为，由技术召唤出的世界是一个“祛魅”的世界：一个没有自身意义的世界，因为这个世界没有“目的”（intent）、“意图”（purpose）、“目的地”（destination）。一方面人的需要和利益是活动背后的动力，“不是观念而是物质的和理想的利益直接控制了人们的行为”[②]。另一方面需要和利益本身成为被技术所支持的需要和利益，技术是实现一个被赋予的外在目的的方法，这个外在目的包括人的利益和社会的发展等。

马克思说：“把人和社会连接起来的唯一纽带是天然必然性，是需要和个人利益。”[③]利益是社会发展的基础、前提和动力因素。利益是历史唯物主义的基本范畴。旧唯物论之所以在历史领域内失足，正是“因为它认为在历史领域中起作用的精神的动力是最终的原因，而不去研究隐蔽在这些动力后面的是什么，这些动力的动力是什么。不彻底的地方并不在于承认精神动力，而在于不从这些动力进一步追溯到它的动因”[④]。这个原因其实就是物质利益。

人类利益的来源从历时性上看，一般来说依次有道德、权势、经济和智力四种因素，社会的发展正是道德、权势、经济和智力四种抽象要素相互作用的结果，它们在不同时期分别起着主要的社会中轴作用，因而造成以不同的社会中轴为标志的社会变迁。人类社会随着时间的推移依次出现了以道德为中轴的道德社会、以权势为中轴的权势社会和以经济为中轴的经济社会，现在经济发达国家正处在以智力为中轴的智力社会，即网络社会。自20世纪80年代以来，以网络技术为代表的“信息技术革命已经

① ［法］贝尔纳·斯蒂格勒．技术与时间：爱比米修斯的过失［M］．裴程，译．南京：译林出版社，2000：11.

② ［美］罗伯特·鲍柯克，肯尼思·汤普森．宗教与意识形态［M］．龚方震，译．成都：四川人民出版社，1992：40.

③ 马克思，恩格斯．马克思恩格斯全集［M］．第1卷．北京：人民出版社，1979：439.

④ 马克思，恩格斯．马克思恩格斯选集［M］．第4卷．北京：人民出版社，1995：244.

成为容许资本主义系统进行再结构基本过程的手段。在这个过程中，技术革命本身的发展和展现，为先进资本主义的逻辑和利益所塑造，但并未简化为这种利益的表现”[①]。网络的意义远远地突破了技术范畴而介入了经济、政治以及文化利益，正是网络社会统合了诸多种利益并构建了一种超越时间和空间的网络社会，这种崛起的网络社会在信息化的时代有着自己的制度肉身，网络社会的诸多逻辑逐渐使得工业社会的社会形式趋于瓦解。

像任何一次社会革命一样，以网络为标志的信息技术革命，其“开始和进行是为了利益，而不是为了原则”[②]。如果要从哲学层面对网络加以原则性的理论审视，就必须坚持马克思主义的利益观点，“思想，一旦离开利益，就会使自己出丑”[③]。要从网络技术活动的背后找出利益动因，然后由利益动因出发去说明网络技术现象。所以，我们的理论分析必须从技术层面过渡到利益层面。

（二）网络利益界定

正如马克思所说的，“利益本身是社会所决定的利益，而且只有在社会所创造的条件下并且使用社会所提供的手段才能达到”[④]，而正是技术提供了每个社会最重要的利益实现手段，创造了现实的社会条件。“事实上，社会能否掌握技术，特别是每个历史时期里具有策略决定性的技术，相当程度地塑造了社会的命运。”“通过国家干预，可以加速技术的现代化，并在几年之中改变经济的命运、军事的力量与社会人类的福祉。”[⑤]网络社会的出现改变了利益起作用的方式和范围，创造了一个全新的社会条件，提供了新的获取网络利益的手段。

网络利益是以网络为中介的社会关系，从本质上来说，网络利益是

① ［美］曼纽尔·卡斯特．网络社会的崛起［M］．夏铸九，王志弘，等，译．北京：社会科学文献出版社，2001：16.

② 马克思，恩格斯．马克思恩格斯全集［M］．第1卷．北京：人民出版社，1956：551.

③ 马克思，恩格斯．马克思恩格斯全集［M］．第2卷．北京：人民出版社，1957：103.

④ 马克思，恩格斯．马克思恩格斯全集［M］．第46卷．北京：人民出版社，1979：102.

⑤ ［美］曼纽尔·卡斯特．网络社会的崛起［M］．夏铸九，王志弘，等，译．北京：社会科学文献出版社，2001：8.

关系范畴。所谓网络利益，就是网络客体在满足网络主体需要时，在网络主体之间进行分配时所形成的一定性质的社会关系的条件和形式。[①]

网络利益作为关系范畴，是网络利益主体、网络利益客体以及网络利益中介三位一体的构成。简言之，就是谁之利益（利益主体）、什么利益（利益客体）和如何利益（中介利益）之间问题式利益关系的要素组合。

所谓网络利益主体，就是指所有直接或间接通过网络实现自身的利益，并且能够影响网络或受其影响的利益相关者，包括个人以及各种正式或非正式的机构。笼统地说，在网络世界中主体的构成已经形成企业（商业力量）、政府（政治力量）、公众（个人）三股力量的三足鼎立格局。具体来说，网络利益主体有以下5类：

（1）网络创建和维护者：在技术层面创建和维护网络运行的人员，包括网络行业组织和管理机构。

（2）网络投资经营者：在社会经济层面从事网络基础设施的投资者和经营者，包括政府和企业，后者有网络服务商（ISP等）、网络信息设备制造商和网络信息软件服务商等。

（3）网络内容监管者：在社会政治意识形态层面对网络内容进行把关的人员。包括政府相关部门、网络媒体的内容主管等。

（4）网络影响关注者：在文化思想层面关注网络影响的研究和宣传人员。

（5）网络信息利用者：包括个体和组织，前者包括各种一般的网络用户，后者包括利用网络的营利性企业和非营利性社会事业机构等。

所谓网络利益客体，就是指网络利益主体所认识和实践的对象，其作用是满足网络利益主体的各种需要。网络利益客体中最根本的是网络经济利益，其次是各种非网络经济利益，最重要的是网络政治利益。网络经济利益是在网络经济活动中获得的利益，包括对动态的网络生产、网络消费以及静态的网络产品、网络收入等的占有和享有。网络政治利益是在网络政治活动中获得的利益，包括在宏观的国家政治制度以及微观的公民网

① 这个定义参照了王伟光老师的利益定义，网络利益是利益的特殊形式和类别。王伟光．利益论［M］．北京：人民出版社，2001：74.

络政治活动中获得的利益。

所谓网络利益中介，就是指实现网络利益的条件、途径和手段。利益中介是一种在利益主体与利益客体之间，以及在各种利益客体之间起中介、媒介作用的利益，具有转化利益形式的功能，常以政治权利、民主、自由等政治规范形式表现出来。网络利益的实现同样要由“在社会所创造的条件下并且使用社会所提供的手段才能达到”。按此，网络利益的满足有表层的网络本身以及深层的网络活动。所有的网络利益都是通过实践活动直接、间接地借助于网络获得的，从而使网络利益的获得过程带有深深的技术味道。

网络时代的“国际互联网及其拓展的广阔的‘数字空间’将为我们的星球创造一个虚拟的世界……这个虚拟世界将改变我们星球上的每一个社会、政治和经济组织”[①]。人们之间的社会利益关系会得到调整，原有的利益结构和利益分配关系也将发生相应的变动。这就要求我们学习马克思主义的利益观，坚持马克思主义的利益原则，从而合理地审视和把握变迁中的网络空间。

网络空间中的利益原则是个综合理论体系，其内容主要有以下7点：

（1）自由原则。在网络空间中，各种利益主体都可以利用网络自由地追求自己合理和合法的利益。他们拥有在网上可以自由地表达自己意见的思想自由和政治自由，可以自由地决定是否利用网络以及利用的程度。没有自由原则的满足，其他原则也将无法发挥作用。

（2）平等原则。“自由从表面上看非常诱人，然而如果它加剧现有的不平等现象，就会起到一种压制作用，尽管它标榜的是为所有人提供机会。”[②]自由原则需要平等原则加以补充。人们需要在经济利益、政治权利以及其他基本的权利上实现平等，不仅实现起点平等，更重要的是实现过程平等，并尽量在一定程度上追求结果平等。

（3）补偿原则。网络空间中的不平等比比皆是，为了尽力弥补不平等的利益差距，需要补偿原则。所谓的补偿原则就是要照顾得利最少者的

① ［美］雷·海蒙德.数字化商业[M].周东，等，译.北京：中国计划出版社，1998：1.
② ［美］丹·希勒.数字资本主义[M].杨立平，译.南昌：江西人民出版社，2001：95.

利益，给予他们一定的人为利益倾斜。这时更应该注意弱势群体的利益考量和利益博弈，坚持利益取向的草根性。

（4）实际原则。对网络利益的考量一定要从实际出发，不能逾越现实的社会条件去谈论虚幻的利益。所有的利益理论最终要落脚到利益上去，要在具体的经济、政治和社会环境中看待利益得失，不能受制于广告性的美妙宣传，要深究每种现象背后的利益。“互联网绝不是一个脱离真实世界之外而构建的全新王国，相反，互联网空间与现实世界是不可分割的部分。互联网实质上是实现政治、经济全球化的最美妙的工具。互联网的发展完全是由强大的政治和经济力量所驱动，而不是人类新建的一个更自由、更美好、更民主的另类天地。”①

（5）总量原则。要力争促进网络社会利益总量的最大化，在合情合理的基础上使社会中的每一个人获利。要从大多数人的最大利益点出发，达成整体利益的最大化，这样对每个人都有利。

（6）平衡原则。“世界并不是一种利益的世界，而是许多利益的世界。”②所以，对网络经济、政治等领域的个人利益和集体利益要进行系统地考量，做到既能满足当事人的利益需要，也能考虑到社会的发展、公共利益的需要。既不因为公共利益而野蛮剥夺个人正当利益，也不因为个人私利而盲目违背公共利益，用“执其两端，取法乎中”的方法统筹安排、兼顾利益。

（7）限度原则。自由为了自由本身而受到限制，追求利益的自由本身就是其限度之所在。我要追求和维护自我利益，你也有理由追求和维护自我利益，在追求和维护利益的理论基点上，我们是平等的。并且，我的追求和维护就同时意味着你不能妨碍和侵害我合法的选择，你的追求和维护一旦触及这条底线，就等于失去了合法的界限。

当然，坚持网络利益原则也不能走极端，因为极端化的利益争端带来的不是扯皮就是冲突。最终陷于原地踏步走的尴尬局面，反而不利于利

① ［美］丹·希勒．数字资本主义［M］．杨立平，译．南昌：江西人民出版社，2001：289.

② 马克思，恩格斯．马克思恩格斯全集［M］．第1卷．北京：人民出版社，1956：272.

益的维护和获取，恰如囚徒困境式的利益悖论，应该采用“叩其两端求其中”的中庸之策。其实面面俱到的利益计较不是不现实就是不必要。

首先，每种具体利益不可能完全不受干扰地实现，至于这种干扰是内在的人为干扰还是外在的自然干扰倒在其次。以利益最大化为行事准则往往迷失在欲望的无限延伸中，从而每个人的利益指向总归有些相对的地方，就像形成合力的两股力量，方向相同则为增加，方向相反则为抵消，利益的实现也得遵循平行四边形法则，而不是遵循原来固定不变的方向。想最大限度实现自己利益有时反而会对自己不利，这从成本—效益角度来看是得不偿失的。所以说利益的实现会有以下几种情况：其一是利益双方基本上实现了各自的利益；其二是利益双方都没有实现自己的利益；其三是一方实现了利益，而另一方没有或很少实现自己的利益。无论哪一种情况下利益的实现都是打折扣的，即使实现了自己利益的一方也是在一定限度内实现了一定程度的利益。第一种情况下，双方各自实现了自己的利益往往是妥协式合作的结果，而妥协就是相互让步，对自己利益作出限定的过程，合作是为了实现双方的利益最大化，但是对其中的单独一方来说，不合作反而能最大程度实现自己的利益。第二种情况下，利益双方有着相当的利害冲突，利益实现的程度要看双方冲突性质相悖的严重程度以及冲突的范围，毋庸置疑的是冲突肯定会带来双方利益总量的递减甚至是呈现负数状。第三种情况是前两种的综合，有时是在合作情况下，双方利用条件的能力不尽相同而造成结果的不对称；有时是在冲突情况下，由于双方实力相差悬殊导致利益的实现呈现一边倒的情形。

其次，利益的实现也不必体现在所有的事情上。由于人力、物力、财力和精力的有限导致不可能事事亲力亲为，从而利益的实现只能是在一定范围内伴随着诸多放弃的有限选择。利益的实现有时是“不能也”，也有时是“不为也”的结果。尤其是在道德考量下人会主动放弃一些正当的利益的，在鱼和熊掌不可兼得的情况下有人要取熊掌，但在鱼和熊掌能兼得的情况下也许有人要取鱼也未定。比如在义和利面前，人们的抉择是有区别的。这种网络利益纷争的道德考量向度笔者将在下文中展开论述。

二、网络空间中的经济利益

对网络空间中经济利益的界定主要包括网络经济利益的概念以及网络经济利益的构成两大问题，后者又包括网络生产、网络消费以及电子商务活动中体现出来的经济利益。

（一）网络经济利益

“每一既定社会的经济关系首先表现为利益”[①]，经济利益是经济关系的核心，经济关系就是生产关系。人们在具体的经济活动中发生着两个方面的关系，即经济活动中表现出来的人与自然的关系和人们之间结成的关系。前者是经济活动的生产力方面，后者是经济活动的生产关系（经济关系）方面。利益最终是由生产力的发展决定的，但它直接受经济关系所制约。利益的社会本质和社会基础是生产关系，经济利益是生产关系的具体表现，只有从生产关系出发，才能说明利益的本质和历史作用。生产关系包括产品的生产、分配、交换和消费四个主要环节，所以经济利益主要就体现在四个环节的互动关系中，实际上具体表现为一定经济关系中对财富的占有权和支配权。

网络对人们最深刻的影响是在经济方面，网络经济利益植根于网络经济的发展。网络在历史上的飞跃应该归功于因特网的商业化，自1993年以来，互联网扩展了商业性的应用，标志着新的网络经济范式的产生。网络经济是以互联网为核心形成的经济范式，它建立在网络技术平台基础之上。网络有3个平台：通信平台、内容平台、交易平台。这三个平台的结合正在使经济活动中的生产、流通、消费等诸多环节的运行模式发生深刻变革，使得原先工业经济中分离的生产和消费过程在此又重新得到统一。西奥多·罗斯扎克在《信息崇拜》前言中说：“计算机如同过于缺乏主见的皇帝一样，已被披上了各种华而不实的外衣。”[②]并指出网络信息崇拜的哲学核心是学术界、实验室和市场的杰作。权利和利益自始至终参与

① 马克思，恩格斯．马克思恩格斯选集［M］．第3卷．北京：人民出版社，1995：209.

② ［美］西奥多·罗斯扎克．信息崇拜：计算机神话与真正的思维艺术［M］．苗华健，陈体仁，译．北京：中国对外翻译出版公司，1994.

和操纵了这场游戏，其中发挥主要作用的就是经济利益。

所谓网络经济利益就是在网络经济关系中表现出来的利益，具体来说就是在网络生产、网络分配、网络交换和网络消费中对某些具体财富样式的占有权和支配权。这些具体的财富样式都是直接或间接地通过网络的经济活动而获得的，反之，网络经济范式的出现本身就是利益在背后起作用的结果。网络经济更能满足人们的某种利益需要，而这些利益需要的满足又会产生更多的利益需要，恰恰反过来更能促进网络经济的发展。网络经济的出现可以视为人们在网络中获得经济利益的最好形式和表征，所以网络经济利益和由其产生的经济样式是很难区分开的。

美国《在线》杂志主编凯文·凯利提出了“网络经济的十种策略”，遵循这些策略显然更能增加网络经济利益。①

（1）蜜蜂比狮子重要：网络竞争优势属于那些知道如何拥抱分散的控制点的人。

（2）级数比加法重要：人与物连线数目的增加会造成倍增效果。

（3）普及比稀有重要：网络产品副本的大量流通会产生普及性而非稀有性。

（4）免费比利润重要：追求免费可以运用唯一真正的稀有资源——人的注意力。

（5）网络比公司重要：要尽快将焦点转移到尽可能地扩大网络价值上。

（6）造山比登山重要：最重要的任务是放弃高度成功的事业以避免它最终过时。

（7）空间比场所重要：多重互动关系（空间）取代了实质上的邻近关系（场所），中介者、中间人及中等获利的基础市场的机会将会大幅度扩张。

（8）流动比平衡重要：流动性创新是最有用的商业生存策略。

（9）关系比产能重要：最强有力的科技是那些强化、放大、延伸、

① ［美］凯文·凯利．网络经济的十种策略［M］．萧华敬，任平，译．广州：广州出版社，2000.

增加、萃取、唤起、扩充及开展各种关系类型的科技。

（10）机会比效率重要：在无效率之中发掘和创造机会可产生远大于提升机器效率所获致的财富。

（二）网络生产

生产是经济关系的中心环节，它是分配、交换和消费的前提和基础。追问生产可以从三个角度进行：首先是“谁来生产”的角度，解决生产主体问题，一般指企业；其次是“生产什么”的角度，解决生产客体问题，一般指产品；最后是“如何生产”的角度，解决生产途径问题，一般指模式。利益是生产不断向前发展的内在动因，所以从这三个角度审视生产的变迁就可以理解经济利益之所在。即从经济利益层面而言，第一个角度实际上是“谁能获益”的问题，第二个角度是“获什么益”的问题，第三个角度是“怎样获益”的问题。

网络生产同样可以从这三个角度加以审视：网络生产的主体是网络企业，网络生产的客体是信息产品，网络生产的模式是灵捷生产。我们也可以从这几方面理解网络经济利益：首先是“谁能获益”，包括个人、企业和国家；其次是“获什么益”，包括对物化产品和非物化收入的占有权和支配权；最后是“怎样获益”，沟通“能”和“为”之间的差距，决定了获益实现与否及实现的程度。实际上，网络生产及其带来的利益是无法清晰分割的，所以对二者的论述往往糅合在一起。

在获益主体方面，个人、企业和国家都尽可能利用网络达到自己的最大利益。网络技术的投入使信息传输和生产、控制合为一体，促进了生产过程的自动化，标志着新的技术革命的发生。它通过产业信息化和信息产业化的彼此激励，促使许多发达国家正在实现从工业社会向网络信息社会的转变。所以说，这次新技术革命在一定意义上讲是人脑的革命，是人脑物化的过程。网络信息社会最主要的资源就是信息，所有的利益主体围绕着信息本身发生着互动关系。

首先，在网络经济中，专门以知识、信息为劳动对象的智力劳动者越来越多。因为网络产业不仅可以大大节约物质和能源，而且可以大大节约人力资源，所以网络产业已将体力劳动减少到最小的程度，蓝领工人越来越少。“新的生产力不是少数人手里的资金，而是多数人掌握的信息。”①在知识和信息的共享方面，个体与个体、企业与企业、个体与企业之间的信息共享都变得更加平等。只要掌握一定的技术知识，就可以充分利用网络信息为自己服务。但是，由于经济条件不同、个人能力不同、所在地区和国家不同、掌握语言不同，不同的人享受信息的条件是不同的，从而造成多种形式的对信息共享的背离——信息垄断。

其次，在网络经济中，企业是真正的生力军。企业在信息的生产及其外围设备中投入较多的资金，企业要求占有信息产品的所有权，通过信息产品的销售，补偿其投入并赚取利润。这种利益诉求在很大程度上就通过企业的网络化组织结构得以实现：一是组织结构的网络化。号称数字经济之父的唐·泰普斯科特（Don Tapscott）认为：“旧的、庞大而缺乏灵活性的跨国公司采取封闭的层级制方式创造价值的时代已经过去了。今天成功的企业往往拥有开放的、可以渗透的边界，通过跨越他们的组织边界来利用外部的知识、资源和能量，甚至是普通的资本密集型制造工业也不例外。”②“许多成熟谨慎的组织结构都会选择雇用更小、更分散化的团队，他们扮演的主要角色是组织价值创造，而不是直接参与进来。”③网络组织结构可以实现信息传递的“零时滞”，以更快速度沟通网络信息。二是组织联系的分权化。处于网上的每个企业都是一个节点，既自身独立又相互联系。三是组织层级的扁平化。传统的金字塔式结构变成扁平结构，意味着管理层次的减少和管理幅度的扩大。

最后，由于信息资源的传递不受地理环境的制约，信息控制和信息安全问题浮上水面，传统的地理国家主权受到了一定的冲击。企业尤其是跨国企业能在微观层面自由处理信息流动，而不受信息的地理限制，而信

① ［美］西奥多·罗斯扎克．信息崇拜：计算机神话与真正的思维艺术［M］．苗华健，陈体仁，译．北京：中国对外翻译出版公司，1994：148.

② ［美］唐·泰普斯科特，安东尼·D. 威廉姆斯．维基经济学：大规模协作如何改变一切［M］．何帆，李季红，译．北京：中国青年出版社，2007：118-119.

③ ［美］唐·泰普斯科特，安东尼·D. 威廉姆斯．维基经济学：大规模协作如何改变一切［M］．何帆，李季红，译．北京：中国青年出版社，2007：140.

息的跨国界流动涉及国家信息主权，这就要求国家作为利益主体要妥善处理好信息资源的配置。

在利益客体方面，信息产品是网络利益主体意欲占有的对象。信息产品具有不可耗尽与不断复制、创造的特点，大量复制的成本很低，因此信息产品边际收益递增效应抵补物质资本和传统要素边际收益递减效应有余，因而经济增长速度会加快。具有非稀缺性的信息产品很少依赖物质和能量，而是依赖人们稀缺的时间和注意力，所以吸引注意力就成为了商家的努力方向。[①]

在利益生产方面，网络生产采用了灵捷生产模式。网络的价值在于提供即时信息的能力。由于利用网络可以迅速传递信息，公司可以重构网络生产的供应链和消费渠道，造成生产和消费之间的中间环节大量消失，从而降低了生产和服务的成本，创造出真正的全球性市场。在网络经济中，生产、交换和消费过程将直接统一，网络为企业获取顾客的消费资料提供了有针对性的有效途径，省略了生产和消费中间层级的迂回路径，可以直接对顾客的要求作出快捷反应，从而做到“按需生产”。当供需两方面都在发生连续的、不可预测的变化时，他们通过网络计算、市场调节来运行可能会取得更好的效果。[②]也就是说，灵捷生产改变了过去企业以产品为内容的竞争，直接面向用户的需求进行生产。在企业和用户之间，生产水平就转化为满足用户需要的服务水平；在企业之间，生产水平则表现为满足用户需求的技术创新能力。谁能提升自身的技术创新能力更好地领先于其他竞争者，谁就能在市场上占据优势和主动，就能获得超额的利润。

网络利益生产的几个著名定律就说明了生产和利益的互动关系：

（1）信息技术功能价格比的“摩尔定律”和“贝尔定律”，这两大

① 在网络上，人们的注意力成为商家争夺的重要资源。注意力成为关注的焦点是和信息超载密切相关的：无限的信息资源和有限的注意力之间形成的巨大反差，使得注意力成为有利可图的资源。以此为基础形成的注意力经济，其意有二：一是注意力→经济，只有获取到一定的注意力才能得到经济利益；二是经济→注意力，只有得到一定的经济支撑才能获取注意力。

② ［美］唐·泰普斯科特，安东尼·D. 威廉姆斯．维基经济学：大规模协作如何改变一切［M］. 何帆，李季红，译．北京：中国青年出版社，2007：141.

定律互相补充。前者断定微处理器的速度每18个月翻一番，后者则认为如果保持计算能力不变，微处理器的价格和体积每18个月降低和减小一倍。这意味着同等价位的微处理器速度会变得越来越快，同等速度的微处理器会变得越来越便宜。

（2）网络发展速度的吉尔德定律，即在未来的25年中，主干网的带宽每6个月增加1倍，其增长速度是摩尔定律预测的微处理器增长速度的3倍。

（3）信息网络扩张效应的梅特卡夫法定律，即网络的价值同网络用户数量的平方成正比，上网的人越多，产生的效益越多。

（4）网络市值计算的雅虎定律，其主要内容是一句话：市值大于业绩。其核心是金钱（财富流量）与信息名义价格和货币收入之比间的内在关系。雅虎定律将摩尔定律和梅特卡夫定律合二为一。

（5）信息活动中优劣势强烈反差的马太效应，是网络社会中往往出现的强者恒强、弱者恒弱的各自强化其分化局面的趋势，它造成强者统赢、胜者统吃的累积效应。

网络本身不会把自动世界变成数字乌托邦，也不会改变资本主义追逐利益的游戏规则。网络的出现代表着新一轮知识圈地运动的开始，“因特网已经演变为一种重要的政策工具，为那些试图扩大数字资本主义势力范围的人提供了一把利剑”①。网络既可能做到对利益和财富的重新分配，给弱势群体以平等竞争的机会，也可能拉大穷人与富人业已存在的差距。

（三）网络消费

消费关系是经济关系的一个重要方面。所谓消费就是人们消耗一定的生活资料和劳务以满足生活需要的过程。消费是再生产过程的一个环节，受生产制约并对生产、分配和交换有反作用。第一，消费对生产有积极的反作用：首先，生活消费的状况决定着再生产出来的劳动力的素质。其次，生产消费实现生产的过程转换。最后，消费需要为生产提供内在动力。第二，消费使分配最终实现。分配的结果最终要体现到消费上，分配

① ［美］丹·希勒．数字资本主义［M］．杨平，译．南昌：江西人民出版社，2001：92.

的差别最终要落实到消费的差别上。第三，消费使交换最终完成，并促使交换扩大。消费是利益的最直接的实现，它通过消费水平、消费结构和消费方式得到体现。

网络的出现使生产和消费更加紧密地联系在一起。网络技术给消费者及其他的利益相关者提供了确定如何及何时得到信息的选择权，以便信息能够在最方便的时间和地点到达他们那里。客户可根据自己的需要向厂家提出设计要求，表明自己可承受的价格。企业在产品研发时就可以通过网络互动来充分参考消费者的意见，为他们量身定做。如戴尔电脑把每位顾客都视为“需个别回应的消费者”(prosumer)，而非“一般的消费者”(consumer)。

网络发展的最根本动力在于消费者和用户。“数字经济之父”唐·泰普斯科特认为网络世代[①]消费者的五大主题：一是网络世代要有选择权。在网络世代的文化里，选择的权利是非常重要的。网络世代认为营销者最重要的是要能“给予他们足够的选择权，以买到他们对产品的忠心”。二是网络世代要求量身定做。因为他们已习惯有高度弹性、能独立自主的消费环境，所以网络世代更需要高度量身定做的服务和产品。网络世代将进入一个产品和服务高度量身定做的世界，所有的商品都因他们的需要而形成，销售对象不是整个市场，而是个人。三是网络世代要能改变心意。网络世代希望拥有改变心意的机会。四是网络世代要求先试再买。网络世代是使用者，他们拒绝专家的观念，他们以光速为自己亲自筛选资讯。五是科技不会眩惑网络世代，功能第一。网络世代关系着功能而非形式，关系着科技能做什么而非科技本身。[②]

当然，网络消费作为人们欲望在网络上的某种投射，既可能给人们带来外部正效用，也可能带来外部负效用，并且正负效用往往混合在一起。

---

① 唐·泰普斯科特认为，网络世代(Net Generation，简称N世代)“是与数字媒体一起成长的族群”，他们比其父母辈更懂得应用网络科技，并且懂得通过网络学习和娱乐。“网络世代文化”所代表的是狂热的自主性、情绪和智慧性的率直、包容性、自我表达和强有力的观点、创新、成熟、深入调查、敏感的集体利益意识以及验证和信赖九大特性。

② [美]唐·泰普斯科特.数字化成长：网络世代的崛起[M].陈晓开，袁世佩，译.大连：东北财经大学出版社，1999：258–263.

网络消费作为最时尚的消费样式改变了身体的样式，放大了身体话语背后的消费欲望，并将它化约为简单的感官快乐。实际上，网络消费无不诉诸生理性的满足，网络产品正是通过满足感官欲望而扩张了欲望，把身体变成了一个商业符号。在所谓的“体验经济”的旗帜下，网民通过身体的体验去享乐和消费，无形中陷入了消费与身体合谋所营造的“软操控”。当我们认同网络过滤过的美的标准和快乐的套路后，这些标准和套路也就成为加在身上的新的身体控制格式。数字比特的无差异性使得数字作品的复制完全不走形，更加深了数字商品的大规模流水线生产的机械意味。我们的阅读是在产品生产者隐蔽规定的价值范式下进行的，他们用暗合身体欲望的符号化信息产品来迎合和蛊惑了我们。色情或者暴力影像的观看是许多人的视觉享受，那里面现身的色情躯体和暴力身体其实并不是欲望的身体，而只是成为商品交换符号的身体。符号化的身体被彻底空洞化、功能化和抽象化，和一件没有性别、纯粹为他人目光而设的商品没有区别。所以鲍德里亚主张“应该将作为欲望交换符号载体的色情身体与作为幻觉及欲望栖息处的身体区分开来”①。

不仅网络消费受制于身体欲望的陷阱，而且网络技术产品本身也会带来“锁定效应”。一种新信息产品可以通过免费试用让初级用户养成独特的消费黏性，等到这个产品形成占绝对优势的市场规模时，它将成为事实上的使用标准，用户长期使用形成的习惯已很难加以改变。标准产品还会通过不断的技术升级和兼容保持用户的忠诚度。“升级”使得网络产品用户将对眼前不甚完善的技术的不满转换为对技术改进的急迫期待，将关注的重心从技术本身转移到对技术更新的速度上面去，用虚幻的“技术憧憬”自动在新旧版本的信息产品中完成产品更替。“兼容”就是在最大限度保留原来的技术品格基础上，打通了新旧版本产品之间的转换渠道。新版本兼容旧版本就意味着新版本具有更多的功能、更好的效果，从而使用户自觉地进行版本升级。微软和英特尔的“Wintel”联盟就是技术升级和兼容的典范。

① ［法］鲍德里亚．消费社会 [M]. 刘成富，全志钢，译．南京：南京大学出版社，2000：145.

网络消费还有一个隐患就是隐私问题。当我们通过网络进行消费时，常见的一种情形就是要求我们先行注册，如实填写一些相关的个人信息。其后的每次具体使用，都要我们完成登录手续。这些个人信息有的是公开的，有的是只有网站运营者才能调阅的。通过汇集不同消费者的个人信息，网站可进一步分析使用者的消费偏好与购买意向，做到有针对性地发放电子广告。网站还可以把汇集的个人信息作为商品出售给有兴趣的商家。不管是对个人数据收集的过度（过度收集）以及对个人数据超常规地使用，还是出售个人信息数据，都很容易使个人信息资料外泄，造成隐私侵权。所以，网络消费的快捷方便往往是以网络隐私的侵犯为代价的。

网络消费的悖论正是源于网络技术和人性之间的矛盾。正如约翰·奈斯比特所认为的那样，在美国，市场机制把人们的生活卷入到难以逃避的数字化消费的网络之中，美国的巨大经济规模之中最大的两个市场是消费科技和逃避消费科技，“它加速我们的生活，加强我们的依赖，结果是我们需要解脱，但为求解脱，我们又求助于科技，要它提供最方便的速成方案”[①]。

（四）电子商务

网络灵捷生产改变和压缩了生产和消费之间的中间环节，或者说是一种新的环节代替了这些被压缩的环节，直接达成生产和消费之间的沟通。灵捷生产以用户需求为中心，生产符合用户需求的个性化产品，但是这种生产并不能自动满足用户的需求，它需要更好的、适应灵捷特点的沟通环节，电子商务就扮演了这样的沟通的角色。

电子商务（electronic commerce）是指整个贸易过程中各阶段的贸易活动的电子化。电子商务有狭义和广义之分：从狭义上讲，它是指在网上进行的交易活动，包括通过因特网买卖产品和提供服务。从广义上讲，它还包括企业内部的商务活动以及企业间的商务活动。[②]电子商务的本质是消费和生产实现统一的一种方式。

电子商务是互联网在商业领域最广泛的应用，具有无可比拟的优点：

① ［美］约翰·奈斯比特，等．高科技高思维［M］．尹萍，译．北京：新华出版社，2000：1.
② 熊澄宇，等．信息社会 4.0［M］．长沙：湖南人民出版社，2002：51–52.

（1）直接性。电子商务减少了流通的无序和中介层次，压缩了生产和消费的中间过程，直接面向用户的需求并能迅速作出反应。这样既提高了效率，又保持了社会化的优点。从生产到消费的过程对经济发展影响的角度上看，电子商务也可以称为非摩擦商务（friction-free commerce）。

（2）超限性。由于网络技术的应用，电子商务能够跨越时空限制，进行跨地区、跨国界的交易。个人或小公司在因特网上可以跨越原有的市场准入门槛，直接为全球市场提供知识产品和服务。

（3）数字性。电子商务的要素是信息流、物品流和货币流。在信息实现数字化之后，关键是要实现货币的数字化。当交易的相互信任问题和安全问题得到解决之后，电子商务完全可以实现交易的数字化，从而加速货币和货品流通速度，促进经济快速增长。

（4）针对性。在电子商务中，产品的生产可以满足个人化的需要，生产者可以单独面向每一个消费者提供产品，也就是说生产者可以按照每一个消费者的特殊要求生产出独特的产品。这样将彻底改变工业化生产方式。由于厂商可以直接根据消费者需要生产，所以消费者不必担心买不到需要的产品，产销双方的产销率大大提高。由此可见，这种直接经济可以实现经济的个性化。

在电子商务的各参与主体（主要有政府、企业和消费者）之间以及内部可以形成不同的模式：B2B（企业对企业）、B2C（企业对消费者）、B2G（企业对政府）。前两种是最典型的模式。B2B的业务内容是为企业间的交易提供服务。B2C的业务内容主要是为网上购物提供服务。前者满足了企业的生产需要，后者满足了个人的生活需要。

在B2C的电子商务模式中，企业可以通过使顾客获得利益满足的营销方式来吸引顾客的投入。首先是使顾客获得财务利益，给予重复购买或频繁购买的顾客一定的折扣，通过价格刺激使目标顾客获得财务利益。其次是使顾客获得社交利益，把顾客（customer）看成是客户（client），建立顾客组织，包括无形的顾客组织和有形的顾客组织，使企业和顾客保持更为紧密的联系，以实现对顾客的有效控制。最后是使顾客获得附加价值，通过向顾客提供一定的技术支持、服务援助、培训调研等，使顾客获得一定的产品附加价值。当然这样做的最终结果是企业也获得了更大的利益。

个案举例:

亚马逊书店(Amazon Bookstore)是世界上图片销售量最大的书店，它可以提供310万册图书目录，比全球任何一家书店的存书要多15倍以上。亚马逊书店之所以能在短短的几年内获得成功，主要取决于下列因素：质量高、数量庞大的书目数据库；丰富的检索途径；全面周到的服务；灵活多样的营销手段；安全可靠的付款方式和传递手段；名牌效应。

该站点搜索机制相当有效，速度很快。提供清楚的分类目录、最佳销售商名目录，还提供大量的购物建议。

如果你在亚马逊书店买了一本书并再次访问该站点，屏幕上会出现欢迎你回访的内容。通过分析你的当前购买习惯，屏幕上会出现几种建议你购买的新书，而且系统能记住你的个人信息，这样以后再要买书，就不用输入个人信息，只需输入顾客号，用鼠标点击就能买书了。

亚马逊书店千方百计地推销自己的站点，不断寻求合作伙伴。它提供了各种各样的全方位的搜索方式，有对书名的搜索、对主题的搜索、对关键字的搜索和对作者的搜索，同时还提供了一系列的如畅销书目、得奖音乐、最卖座的影片等，而且在书店的任何一个页面中都提供了这样的搜索方式，方便用户进行搜索，引导用户进行选购。

亚马逊书店通过电子邮件、调查表等方式获取用户对其商务站点的反馈，还提供了一个类似于BBS的读者论坛，用来吸引客户了解市场动态和引导消费市场。在读者论坛中开展热门话题讨论，以一些热门话题，甚至是极端话题引起公众兴趣，引导和刺激消费市场。同时，开办网上俱乐部，通过俱乐部稳定原有的客户群，吸引新的客户群。通过对公众话题和兴趣的分析把握市场需求动向，从而经销用户感兴趣的书籍和音像产品。

三、网络空间中的政治利益

网络空间中的政治利益主要包括网络政治利益的概念和网络政治利

益的构成两大问题，后者又包括宏观层面的网络政治利益和微观层面的网络政治利益。

（一）网络政治利益

哈贝马斯说："科学技术的合理性本身也就是控制的合理性，即统治的合理性。"[①]当技术进入人们的日常生活中变成生活方式的一部分时，科学技术便会对人的社会行为产生影响。我们接受科学技术的合理性，同时也得面对它的不合理性。但是要想"把技术成果有效地转变为实践，有赖于政治公众社会作中介，因为专家同政治决断当局之间的交往，必须以一个给定的社会生活世界的社会利益和价值导向为出发点"[②]。正是社会利益决定了政治和技术之间的互动关系，技术也是因为满足了一定的政治利益而得到政治扶持，从而政治利益的出发点也就决定着技术发展的方向和格局。在技术发展史中，每次媒介技术的改变往往意味着权力的转移和利益的重新分配，往往伴随着公民对信息的知晓权和享用权的扩大和民主程度的提高。

网络政治就是研究网络技术与政治的互动关系的，它主要是从中介利益的角度探讨"谁得到什么、何时得到、如何得到"的问题，包括宏观层面的网络对政治的影响和微观层面的网络空间中的具体政治问题。

马克·斯劳卡在《大冲突》中提出，网络政治"是指那些有可能永远地模糊真实和虚幻之间的界限的技术，将给政治带来的影响。可为什么要特别提到政治呢？为什么不仅仅是文化上的影响呢？的确，两者之间的差别甚微。我之所以选择政治，是因为我相信，数字革命在它的深层核心，是与权力相关的"[③]。正如J. 希利斯·米勒所言，媒体就是意识形态。一些诸如电影、电视、因特网的新媒体"并不仅仅是以未被改变的形式传播意识形态或真实内容的被改动的母体。它们构成它们所'输送'的内

① 陈子明，吴松，远东．哈贝马斯论交往［M］. 昆明：云南人民出版社，1988：57.

② ［德］哈贝马斯．作为"意识形态"的技术与科学［M］. 郭黎，译．上海：学林出版社，1999：104.

③ ［美］马克·斯劳卡．大冲突：赛博空间和高科技对现实的威胁［M］. 南昌：江西教育出版社，1999：152.

容，并任意把那个‘内容’改造成该媒体本身所强加的信息的表达”[①]。电子传播媒介不仅决定性地改变了日常生活的肌理，而且大规模侵入政治生活、社区生活和社会生活。网络作为一种新的传播媒介，它的出现提供了用户收集和发表信息的平台和机制，从而在全球范围内逐渐改变政治话语和意识形态宣传的状况和格局。

那么，网络媒介对于民主政治而言究竟是天堂还是地狱呢？网络又是如何从正负两方面影响政治的呢？网络技术改变了媒介的政治角色，不只是因为网络技术之于媒介本身的技术影响，也因为网络技术在重要时刻适时地将媒介系统与政治行销连接起来。网络具有透明化、个性化、直接化、扁平化、全球化、多元化、微型化等技术性特点，网络对政治的作用与影响与自身技术结构的特点是息息相关的，这些特点既可以带来积极意义上的政治功用，也可以带来消极意义上的政治功用。网络自从产生以来就不是技术专家或者那些没有灵魂的人的殖民地，它的建构原则源于20世纪60年代嬉皮士的社群主义和自由主义政治理念，这些理念起着破坏压制、高扬创新的革命性作用。托夫勒认为：“电子计算机对政治体系带来了难以数计的冲击。那些集中化的大型电子计算机也许将增加国家对个人的控制能力，但非集中的、小型的电子计算机网络却会加强个人的力量。”计算机网络“将会增加而不是减少参加社会、经济、政治方面的决策人数。而电子计算机可能是自有投票箱以来实行民主的最可依赖的工具”[②]。电脑网络开创了民主政治的新纪元，它使更多的人以更积极的姿态参与政治。“如此一来，政治被根本地形塑，在其内涵、组织、过程与领导权上，被媒体系统的内在逻辑（特别是新的电子媒体）所形塑。”[③]

在网络中人们的政治利益是以不同的面貌出现的，从个体的身份归属到种族文化的面貌，从经济发展到意识形态的建构等都是网络政治所关注的问题。在网络这片电子部落共和国领域内，“利益集团、党派组织和

① J. 希利斯·米勒. 现代性、后现代性与新技术制度［J］. 文艺研究，2000：5.

② ［美］ A. 托夫勒. 预测与前提［C］// 托夫勒著作选. 沈阳：辽宁科学技术出版社，1984：319–320.

③ ［美］曼纽尔·卡斯特. 认同的力量［M］. 夏铸九，黄丽玲，等，译. 北京：社会科学文献出版社，2003：366.

立法者利用网站是为了传播信息，他们对于把网站变成别人观点的论坛并没有多少兴趣”[①]。由于网络信息数字编码的特征，所有的政治议题都很难得到有效的网络监管，信息很容易绕开国界范围内的国家审查迅速地传播到世界各地。那么这是否意味着网络会成为新的技术政治乌托邦的表征呢？

下面我们就通过审视网络政治的宏观和微观视域来解答这个问题。

（二）宏观层面的网络政治利益

从宏观角度研究网络政治，主要涉及网络对政治的影响，包括网络对政治制度、政治过程、政治生活以及国际政治的影响等。宏观层面的网络政治利益从发生领域上看，分为国内政治利益和国际政治利益。这两方面往往交织在一起，难以清晰区分，尤其是网络的全球化色彩更是使得国内政治在一定程度上变成国际政治。

1. 网络对国内政治的影响

曼纽尔·卡斯特在《认同的力量》一书中提出，网络政治可将政治个人化与社会个人化的情境推向一个难以获取整合、共识及制度性建设的状况。如若从民主制度重建的角度入手，那么与未来网络政治相关的发展趋势有三个：一是地方政府再造。20世纪90年代中期民主正当化的最有力趋势，是全球性地发生在地方层级；二是电子通讯强化了市民的政治参与水平。电子通讯被作为一个有用的工具用于各种议题上的指标性公投，更重要的是，市民们可以形成、并且也在形成他们自己的意识形态群体，用来牵制建制化的政治结构，创造一个有弹性的、有适应力的政治场域；三是网络媒介促进了象征政治的发展，以及环绕着“非政治”（non-political）因素的政治动员的发展。这些政治动员的形式，可被界定为议题取向、非政党取向的政治，它使人们心中与生活中对公共事务的关注重获正当性。[②]

网络对政治生活最直接的影响是电子政府的出现。政府的主要任务

① 张新华．信息安全：威胁与战略［M］．上海：上海人民出版社，2003：96.

② ［美］曼纽尔·卡斯特．认同的力量［M］．夏铸九，黄丽玲，等，译．北京：社会科学文献出版社，2003：404–408.

就是处理信息，而政府系统本身就是一个结构严密的网络组织，因此自然成为网络的最大受益者之一。政府拥有最大的社会信息量，比如中国政府就占有80%以上的社会信息，但这些信息大部分并没有得到充分的开发利用。实施电子政务、进行政府再造就是改变这种信息不对称状况的一个契机。“电子政府”的实质是网上政府，简单地说就是在网上成立一个虚拟的政府，在网络上实现“第三者政府”的职能。奈斯比特说：“计算机将摧毁政治领域的金字塔；我们建立等级森严的金字塔式的管理系统是因为我们需要掌握下属的去向以及他们的任务完成情况，而有了计算机的帮助，我们可以用平行联系的方法重新设计我们的组织结构。”①传统政府更多地扮演管理者的角色，其首要行政目标是提高效率。电子政府的再造就是要更多地凸显其公共服务的职能，其目标是公平和效率并重，即“服务行政范式”和“民主行政范式”。②就职能而言，电子政府应该以民众为中心，以顾客为导向。政府就是民众经由一系列制度建立的，代表的是公共利益，因此政府管理不是目的，而只是公共服务的手段。就目标而言，网络实现了民众间公平的对话，提高了信息沟通的速度和效率。

电子政务是实现电子政府行政范式转变的最佳手段。电子政务实现了信息的多元沟通和开放共享，其信息沟通的顺序依次为：第一步是政府机关内部的沟通，即A2A，即行政机关到行政机关（即政府到政府，又称作G2G）；第二步是实现A2B，即政府到企业（又称作G2B）；最后一步是实现A2C，即政府到公民（又称作G2C），所有的公共事务处理都可以通过互联网来进行。③实际上，无论是电子政府还是电子政务，都是电子和政府或政务的两方面概念的叠加，其实质就是电子技术对政府和政务的某些政治影响，是一种从政府角度来看待政府与民众互动关系的新式行政范式。它带来多方面政治利益的改进：其一，优化了政府服务手段，提高了行政办公效率；其二，提高政府工作透明度，促进政务公开；其三，

① ［美］西奥多·罗斯扎克.信息崇拜：计算机神话与真正的思维艺术［M］.苗华健，陈体仁，译.北京：中国对外翻译出版公司，1994：149.

② 熊澄宇，等.信息社会4.0［M］.长沙：湖南人民出版社，2002：7.

③ ［美］道格拉斯·霍姆斯.电子政务［M］.詹俊峰，李怀璋，曹济，译.北京：机械工业出版社，2003.

促进了公民社会和“公共领域”（public sphere）的勃兴[①]。

电子政府和电子政务的建设是我国政治经济体制改革的必由之路，是关系到维护我国政府形象和国家信息主权的大事。目前我国电子政务建设已进入实质性阶段，总投入达2500亿元，以“两网一站四库十二金”为主要内容的软硬件建设工程已经全面启动（“两网”指电子政务内、外网，“一站”指政府门户网站，“四库”指人口、法人单位、空间地理、自然资源、宏观经济这四个国家基础数据库，“十二金”指金税、金关、金财、金盾、金农、金水、金质等十二个国家重点业务系统）；各级政府部门纷纷将电子政务建设与政府机构改革同理顺内部管理流程相结合，利用国家基础网络资源，大力铸造电子政务的软硬件环境，不断推进网上办公服务，我国电子政务建设进入了快速发展的新阶段。[②]同时我们也要看到，我国电子政府和电子政务建设的基本国情是：一方面由于现实条件的制约，网民数量很有限，并且地区分布很不均匀，目前还很难构成社会发展的中坚力量；另一方面是社会发展使得群体对信息的渴求十分迫切，尤其是落后地区民众的信息落差更加剧了对信息渴求的程度。所以，我们应该弥补社会内部的数字鸿沟，在求得信息传播效率的同时兼顾公平，处理好政府、企业和民众之间的互动关系。

从政府和公众双层面的互动关系上看，如果电子政府再造更多的是突出了政府色彩的话，那么公民政治参与则更凸显了民众色彩。电子政府的出现促进了政府工作透明度的提高；从公民的角度看，就是意味着网络为公民了解政府工作提供了透明化渠道。互联网给人类提供了一个没有特权、完全平等的自由空间。网络必将突破传统社会中制约参与的种种限制，激发民众政治参与的热情，提高民众政治参与的能力，拓宽民众政治参与的渠道，继而提升政治参与的数量和质量，促进民主政治的不断发展。

从技术角度来看，网络这种能够使信息传递不受时空阻碍乃至政治控制的传播媒介，使人们在获得信息与介入世界方面获得了前所未有的自

---

① 关于网络如何促进公民社会和公共领域的勃兴的情况，可参见熊澄宇《信息社会4.0》一书。

② 黄抗生，任涛．互联网促进中国发展［N］．人民日报·海外版，2003-12-11（4）．

由，它甚至提高了人们参与政治的兴趣。从功能角度来看，媒体与民众的互动关系是媒体功能定位的切入点。一般来说，媒体观众的积极性表现在三个基本方面：对媒体产品的个人诠释、对媒体的集体诠释，以及集体的政治行动。①媒体对民众的政治行动产生影响大体上有四种途径：一是说服途径，关注对民众的说服功能，探讨媒体如何告诉民众在短时间内考虑什么。二是霸权途径，关注向民众灌输毋庸置疑的价值观念，考察媒体如何告诉大家在长时间内考虑什么。三是功能途径，将媒体视为一种公用事业，不仅为个人而且为社会机构、制度服务。四是技术途径，它考察占统治地位的媒体所具有的独一无二的特性，看它们如何影响社会及政治的安排。②网络媒体传递了社会中心与社会边缘发生的事情，开启了多方利益团体参加的政治会谈机制，在横向的信息互动中提炼共同的意见，然后在纵向的舆论反馈中对政府施加影响。

加拿大政治学学会主席埃德温·布莱克(Edwin R.Black)指出："计算机正改变着我们的政府和选举政治。它不仅改变着政党引导的选举方式，改变着我们关注选举的轮换方式，而且还改变着我们选举出的代表为我们所作的选择以及公务员们为实现这些选择与我们打交道的方式。"③公民在网络中的政治参与最有效、最具操作性的方式就是电子选举。参与选举的公民分为竞选者和选民。对竞选者来说，他可以利用电子邮件进行锁定目标的政治宣传，可以设立自己的竞选网站表达政见。马克思指出了选举的意义："选举是市民社会对政治国家的直接的、不是单纯想象的而是实际存在的关系。因此，显而易见，选举构成了真正市民社会的最重要的政治利益。"④对选民来说，网络给予选民参与游戏的更具自由度的实验手段，网络投票甚至可以赋予侨居在国外的国民以选举权。网络选举可以实现信息的同步传播，这种现场直播的逼真性会产生一种功能性障碍，它使人产

① ［美］曼纽尔·卡斯特．网络社会的崛起［M］．夏铸九，王志弘，等，译．北京：社会科学文献出版社，2001：414–415.

② ［日］猪口孝，［英］爱德华·纽曼，［美］约翰·基恩．变动中的民主［M］．林猛，等，译．长春：吉林人民出版社，1999：106.

③ 刘文富．国外学者对网络政治的研究［J］．政治学研究，2001：2.

④ 马克思，恩格斯．马克思恩格斯全集［M］．第1卷．北京：人民出版社，1956：436.

生了“在那里”或者“一同参与”的错觉，这种错觉是如此逼真，以至于人们将这种“在其中”和“现场感”与真实的参与混为一谈，由此产生了网络传媒的麻痹作用，它确实制造了一种“卷入”（involvement）的广场效应，产生了一种归属感，等于宣告了一个政治假日的来临，但这并不是真正的政治参与。[①]网络产生的数位区隔毕竟不能替代面对面的互动，选民面对某些经过精心过滤的政治信息，在不能亲身体会的情况下很难区分真假，即便上网时数字鸿沟的阻碍作用减少到最低限度，处于信息政治下层的选民也不能控制选举信息最终流程的进度和结果的效度，实际上电子选举的结果反而带来更大程度的压制和剥夺。

假如说政治参与更多侧重的是政党竞选等常规政治层面，那么政治动员就是具有非常规政治性质的社会运动。美国《人权宣言》第19章提到：“每个人都有自由发表意见的权利；这个权利包括不受干涉地自由发表意见以及通过任何媒介寻求、接收和传递信息与思想，且不受国界限制。”网络的技术结构恰好契合了言论自由的内在要求，当然这些自由在一些内外条件的培育下也许会变成政治激进主义的营养素。从正面意义上看，网络的政治动员功能可以培育介于公民和政府之间的公共领域。互联网是一个寻找与自己观点相符的人的地方，借助互联网，人们可以轻易找到志同道合的联盟，并就某一议题展开讨论，制订讨论和商议的议程和规则。比如在从孙志刚之死到收容遣返制度废除的整个过程中，网络就发挥了汇集民意、动员群众、电子请愿的巨大作用。从负面意义上看，正如哈贝马斯在中国接受采访时所说：“互联网有可能起到一种破坏性作用，因为它会抽离有关一些国家当局的控制。这点无论是极右集团还是民主主义者，都可以加以利用。”[②]首先，网络作为一个缺乏管制的技术平台和社会空间，很容易突破政府控制，为诸如计算机化激进主义、黑客活动主义和信息恐怖主义等政治性激进活动提供了绝妙的寄身之地。其次，网络信息的内容容易造假，并且由于信息审查和控制的困难，一些敏感和不良信息

① ［日］猪口孝，［英］爱德华·纽曼，［美］约翰·基恩．变动中的民主［M］．林猛，等，译．长春：吉林人民出版社，1999：111.

② ［德］哈贝马斯．答《北京晨报》记者问［N］．北京晨报，2001-05-02.

在网上广泛传播，让人真假莫辨，从而起到煽动、误导作用。

2．网络对国际政治的影响

网络对国际政治的影响主要表现在三个方面：其一是信息主权。网络信息的跨国界交流既促进了国家之间的友好往来，又对基于地域基础之上的主权造成了一定的侵害。其二是数字鸿沟。数字鸿沟既存在于国家之间，又存在于族群之间。数字鸿沟的马太效应导致了国家发展的不平衡和种族歧视。其三是文化霸权。网络空间的建构是争夺话语权的过程，信息发达的国家利用优势地位，推行文化霸权，实行文化殖民主义，加剧了国际间的政治冲突。

网络对国际政治的影响主要有以下三方面。

首先是信息主权问题。互联网并不能改变国际政治的本质特征，而只能是改变国际政治的斗争方式。传统政治学认为，政治行动的基础基于某一特定的地域，该地域多为具有明确边界、种族和文化统一性的特定民族国家。在新的网络时代，国家应做适应性的调整，并重新看待传统的国家利益论。国家之间的利益竞争依然存在，但含义和内容已经发生变化了。

由于网络的分布式体系结构和网络的普遍性、渗透性、快捷性，更由于其虚拟性，网络空间已超越于国家主权之上，无论是通过法律还是炸弹，任何政府、团体和个人都没有办法控制它，以至于德国学者恩格尔感叹说：如果极而言之，各国享有领土主权是现代国际法的基础，既然领土主权对因特网不起任何作用，那么民族国家在处理因特网问题时实际上就无事可做了。[①]“从某些方面看，因特网从根本上瓦解了民主—国家的区域性：网络空间中的音讯不容易被牛顿式的空间所限制，这使边界变得无效。”[②]网络已经成为一个不需要护照、没有边防检查站、出入境顺畅的“数字化王国”。它所营造的电子疆域无边无际，信息能够到达的地方就是信息边界。

① 张新华．信息安全：威胁与战略［M］．上海：上海人民出版社，2003：15.

② ［美］马克·波斯特．第二媒介时代［M］．范静哗，译．南京：南京大学出版社，2000：40.

网络作为权力源和影响源，其无边界特性为国家以及主权和现有的政治秩序带来了挑战。

一是网络削弱了政府对公民的总体控制权力，也降低了政府实施网络监管的能力。网络技术朝着两个方向发展，“一个方向是个人化、分散化，节目编制的个性化程度非常之高；另一个方向是全球化，全世界将看到同样的国际焦点人物以及突发的国际事件。这两种情形都无利于民族国家的存在”[①]。美国学者莱文森说：“互联网上的地球村本身就是一种治国机制。”[②]网络的全球化特性造成网络技术不受政治边界的约束，没有任何一个国际机制和统一的国际法律能够管束它的行为，也没有任何国界和民族政府对它实施有效的控制和管理，这使得国家主权与边界“渐渐失去意义”，国家主权和政府的未来地位受到了一定的影响。“政府越是极权，它越是不能控制信息。”[③]而对信息失去控制，就意味着政府的权力受到极大削弱。从长期来看，随着政府分权化的历程，公民的赋权过程更为重要。网络具有给个人和集团赋权的能力。所以，网络对于政府最大威胁来自一个更微妙的、无处不在的渠道：它自己的人民。信息革命增加了个人的权利，打破了等级组织结构，使得人民与政府的信息博弈增加了胜算，从而使背后隐藏的利益能更好地实现。

二是网络使国际的利益冲突更加频繁和激烈。美国兰德公司的高级战略专家约翰·阿奎拉和大卫·龙菲尔德几年前就说过：“作为信息革命的结果，国家的传统权力将受到影响……国家将发现，国界内外的人都能接触信息，这将会削弱国家的权力；而剩下的权力将不得不与权力越来越大的非国家行为展开日益激烈的争夺。”[④]全球性通讯网络所代表的就是一种信息权力和统治样式，它本身就是一个全球化的虚拟超国家权力结构和实体。每个网民都是一个独立的政治单子，可以通过电子抗议、虚拟

---

① ［日］猪口孝，［英］爱德华·纽曼，［美］约翰·基恩．变动中的民主［M］．林猛，等，译．长春：吉林人民出版社，1999：113.

② ［美］保罗·莱文森．数字麦克卢汉［M］．何道宽，译．北京：社会科学文献出版社，2001：9.

③ ［美］保罗·莱文森．数字麦克卢汉［M］．何道宽，译．北京：社会科学文献出版社，2001：87.

④ 张新华．信息安全：威胁与战略［M］．上海：上海人民出版社，2003：230.

阻塞和网络静坐[①]等形式发挥政治影响；非政府组织（NGO）借助于互联网的低成本联系和协调而成为国际政治中的活跃力量，国际政治中的行为主体因而比以前更加多样；国家可以通过网络直接进行意识形态的宣传和鼓动，但是一些国家也会利用自身的信息优势大肆攻击别国，如人权不解放、言论不自由、经济不开放、制度不民主、观念不先进等。所以说，网络的结构使得以网络为中介的多元利益主体的利用效果出现杂糅化趋势，意识形态层面的冲突更加频繁化和隐蔽化。对于受众来说很难区分网络信息的真假，在难以分辨和验证信息是否正确的同时更容易轻信一些无稽之谈，对信息的政治性失去敏感性，这才是最危险的情况。

三是网络可以成为政治极端主义、信息恐怖主义以及网络犯罪集团寄生的温床。网络的技术结构与这些组织的思维逻辑和组织特点相当契合，他们利用网络增强了联系、改进了运作、扩大了影响。网络具有虚拟性、全球性、快捷性等特点，这些组织的活动往往是通过网络遥控的，组织者和具体操作者可能并不位于同一区域，数字活动与实际后果可能发生分离，这就使得对此类组织活动的监控和惩处显得尤为困难。

其次是数字鸿沟问题。所谓数字鸿沟（digital divide），简而言之就是信息富有者和信息贫困者之间的两极化趋势。[②]它既是指信息技术开发方面的差距，也是指利用信息技术获取知识、创造财富的能力方面的差距。[③]美国国家远程通信和信息管理局（NTLA）从1995年开始发布“在网络中落伍”系列报告，第一份报告是《在网络中落伍：一项对美国城市和乡村中的未曾拥有者的调查》，1997年发布第二份报告《在网络中落伍：数字化生活差距的新数据》，1999年发布第三份报告《在网络中落伍：定义数字鸿沟》，数字鸿沟开始正式出现在美国官方文件中。

数字鸿沟普遍存在于国家之间、地区之间、产业之间和阶层之间。发达国家和欠发达国家之间的数字鸿沟在扩大。尽管互联网有着迅速的发

① 在1999年的西雅图峰会骚乱事件中，电子嬉皮士们发动了一场网上的静坐罢工抗议活动，成千上万的反对者在一个指定的时间登录世贸组织网站，使用特定的软件向网站发出快速、不断重复的下载请求，这些下载请求如滔滔洪水般冲击着网络站点。

② 鲍宗豪，等. 数字化与人文精神［M］. 上海：上海三联书店，2003：112.

③ 熊澄宇，等. 信息社会4.0［M］. 长沙：湖南人民出版社，2002：228–229.

展，但其普及率却依不同的性别、教育文化程度、收入、语言、人种及民族有着差别。最典型的网络用户是这样的：白种人、讲英语的男性，年龄在35岁以下，受过大学教育，高收入，在市中心居住，身体健康。有超过一半的互联网用户生活在美国，虽然这个国家的人口只占世界的5%。在纽约市的网络主机数目要比整个非洲大陆的数目还多。[①]

我国是个数字大国，具有强大的信息产业基础和庞大的用户市场规模。经过多年的追赶式发展，中国在信息产业规模、信息化应用效益等方面获得显著进步，信息化发展指数位列全球第25名（截至2016年年底），已经超过20国集团的平均水平。据中国互联网信息中心发布的数据显示，截至2017年12月，我国网民规模全球第一，数量达7.72亿，普及率达到55.8%，超过全球平均水平（51.7%）4.1个百分点，超过亚洲平均水平（46.7%）9.1个百分点，其中网民使用手机上网的比例达97.5%，网上支付的用户规模达到5.31亿，使用率达68.8%。2017年1月至11月电子商务平台收入2188亿元，网上零售额达7.18万亿元。“.CN”域名数增长1.2%，达到2085万个，在域名总数中占比提升至54.2%。网站总数为533万个，“.CN”下网站数为315万个。中国境内外上市互联网企业数量达到102家，总体市值为8.97万亿元人民币，网信独角兽企业总数为77家，人工智能企业为592家（占全球23.3%）。

毋庸讳言，我国在一定意义上也是个数字穷国，不仅面临着与世界各国诸多方面的信息差距，同时还面临着内部地区间的数字鸿沟。从国内情况来看，东部省市信息化发展水平处于领先地位，部分省市具有明显的“创新引领型”特征。总体来看，中国信息化发展水平从东部沿海地区向西北、西南、东北三个方向，基本呈现出逐步递减的态势。从国际情况来看，根据国际电信联盟发布的数据，一些欧美发达国家的固定宽带普及率、移动宽带普及率和互联网普及率分别超过我国普及率的40%、120%和95%，在终端设备普及方面我国还有很大的提升空间。从应用层面看，截至2014年年底，我国企业使用电脑办公的比例为90.4%，使用互联网

① ［美］道格拉斯·霍姆斯．电子政务［M］．詹俊峰，李怀璋，曹济，译．北京：机械工业出版社，2003：168.

办公的比例为78.7%，实现互联网宽带接入的比例为77.4%，但是相比世界发达国家企业的信息化水平还有一定距离。好多企业只是在网上开设了主页并申请了E-mail（电子邮件）地址，但网站信息长期不更新。总而言之，我国互联网虽然已经进入“大国”行列，但离“强国”的目标还相差较远。

发达国家利用信息优势和知识优势已经乘上网络信息革命的早班车，并进一步和发展中国家拉开了距离。发展中国家由于缺乏资金、基础设施等硬件条件和缺乏技术、人才等软件条件，在这场信息技术的竞争中被发达国家越抛越远，处于信息贫困的泥淖之中。数字鸿沟加剧了南北之间经济发展的不平衡现象，对世界的和平、稳定与发展都有不利影响。

发展中国家之间的数字鸿沟也有扩大的趋势。一些新兴工业国家信息化发展速度很快，和其他发展中国家也逐渐拉开了距离，产生了新的“南南问题”。

国家内部也存在着数字鸿沟。由于地区、收入状况、性别、种族和受教育程度的不同，在利用网络信息方面存在着信息丰裕（information rich）和信息匮乏（information poor）人口，他们在利用和处理信息上存在着“取得上的差异”，面对着相同的信息，有人根本无法利用或很少利用。

最后是信息霸权问题。意大利马克思主义者葛兰西在《狱中札记》中提出了著名的“文化霸权”理论，该理论指的是在某个单一群体影响下形成的一种为当代民众广为接受的主宰世界观。随着网络信息的爆炸式增长，信息世界不平衡的现象日益严重，出现了以美国为首的信息宗主国。信息宗主国利用其发达的信息技术优势和语言手段推行信息霸权，剥削信息殖民地国家，从而占据网络话语权争夺的主导地位。信息霸权主要表现为网络信息垄断、网络文化渗透和网络语言垄断等方面。

互联网诞生在美国，因此美国人是它的主要用户。美国控制了互联网的核心技术，是最大的互联网信息与服务制造商。中央处理器CPU、操纵系统Windows、浏览器IE和Netscape都是美国包揽制造的；美国把它主创的域名注册标准和TCP／IP传输协议等作为全球性的互联网工业标准，向全世界推广；在全球13台顶级域名服务器中，仅有3台部署在美国以外的地方，即伦敦、斯德哥尔摩和东京。美国正是通过它控制上述互联网技术层面来完成信息圈地的。

语言是文明的载体，任何一个民族的文明都浓缩在不同的语言文本中，网络为国家的民族语言提供了展现的机会。一定意义上可以说，在网络时代任何语言都是“少数民族”语言。但是我们更要看到英语的强势地位，所有网站中的87%是英语网站，而全球3/4的人不懂英语。中文是世界上使用者最多的语言之一，但在互联网的信息总量中，英文信息占97%，法文占2%，中文只占千分之几。“因特网上，英语的使用占绝对优势，这暗含着美国权力的延伸。”①这种权力就是“软权力”（soft power）。“软权力”的概念是美国约瑟夫·奈提出的，指的是在国际事务中通过诱导而非强制来实现期望结果的能力。在网络时代，信息和知识已经成为界定权力的最重要因素，未来世界的政治将被控制在拥有信息发布权的国家手里。美国正是凭借自己在硬件与软件技术方面的优势，利用英语这种强大文化语言优势，把它的价值观念包裹在被广泛认同和接受的强势文化中，超越国界地向全球渗透，达到金钱和暴力无法征服的目的。“而广大发展中国家和与美国的主流意识形态相背离的网络‘低位劣势’国家，则只能被动地接受互联网上美国政治文化的‘灌输’。否则就只能彻底切断与国际互联网的连接。”处于不同信息落差的信息强国和信息弱国之间名义上的“信息交流”实质上容易演变为“信息直流”。

由此可见，所谓网络信息传播的信息自由，是美国一个国家的自由，是美国信息传播的自由。信息自由体现的是一种政治利益与商业利益。因特网扮演的是新自由主义政策的先导角色。正如罗斯科普夫讲述的那样，无论从表面上看还是从政治方面看，确保以下情况的发生符合美国的利益：如果世界正朝着一个共同语迈进，这种共同语就是英语；如果世界正在向一种共同的电信设施、安全与质量标准迈进，这些标准是由美国人制定的；如果电视、广播及音乐将世界连为一体，这些节目的编排者是

① ［美］马克·波斯特．第二媒介时代［M］．范静哗，译．南京：南京大学出版社，2000：39.

美国人。[①]所以，美国极力主张的信息自由实际上是维护其自身信息霸权的政治策略，这些策略加剧了不平等现象，造成了全球信息自由的社会性根基缺损和个人信息自由的社会性缺损。

（三）微观层面的网络政治利益

网络空间中的政治不是一种宏观政治，而是一种融合在生活世界中的微观政治。从微观角度研究网络政治，主要涉及网络空间中的具体政治问题，讨论的内容主要是在具体的受到网络知识权力结构宰制的生活情景中体现出的生活政治，如网络民主、网络空间中的权力、网络性别政治等。

1. 网络民主

民主就是公民通过有效地参与管理实现全体公民或大多数公民利益的政治过程，民主的真谛在于让利益相关的人能够参与公共事务的讨论和决策。而要做到这一点“民主要求有两个条件：一是一定程度的共享经验；二是能接触到一些未预期的、事先不经过选择的多元的话题和想法”[②]。就是说人们应该拥有一个共同的参考框架，公民应能接触到一些不同的话题和观点。其中信息的占有和传递是民主的重要前提条件，意见的表达和权衡是民主的核心内容，共识的形成和抉择是民主的目的。就共同关心的问题进行民主表态时，公众意见的分歧其实是作出民主抉择的必要手段。公民通过各自信息的占有和理解，独立提出自己的见解，然后经过充分权衡各方面的意见，获得求同存异的共识。没有多元而灵通的信息，没有激烈而公开的讨论，是无法形成民主的公众意见的。当然，还得有保护公众辩论的原则以及言论自由、不受惩罚的制度前提。

就信息的占有和传递而言，民主采用信息民主的样式。所谓信息民主就是人人都有信息“共献”和“共享”之权。所谓“共献”，就是人人

① ［美］丹•希勒.数字资本主义［M］.杨立平，译.南昌：江西人民出版社，2001：108.

② ［美］凯斯•桑斯坦.网络共和国：网络社会中的民主问题［M］.黄维明，译.上海：上海人民出版社，2003：146.

有权利创造信息、传递信息、储存信息、处理信息；所谓“共享”，就是人人有权享用信息、参与信息管理。[①]人人在此既是信息的贡献者，也是信息的索取者，积极地贡献与平等地索取构成民主的互动关系。

“信息给予公众力量和保护民主的权利……在一个生气勃勃的民主社会里，影响社会的因素不是信息的数量而是信息的质量。”[②]所以高质量的信息占有和传递是民主形成的基本前提。传递信息最有效的载体首先是正式的大众媒体，其次是非正式的社会舆论。威廉姆斯根据以往的历史经验将媒体的使用归结为四种类型：一是父权主义类型，即国家以民族利益为借口操纵媒体；二是权威主义类型，即媒体被用作为社会控制的工具；三是商业主义类型，即媒体以积累财富为主要目标；四是民主模式，以人民介入和双向对话为最重要的特征。威廉姆斯指出，如果现代社会以第四种方式来使用媒体，那么一个有创造性的、民主的、富有活力的社会主义“共同文化”将会产生。[③]现代社会媒体民主模式使用的最佳代表就是网络。计算机网络的出现可以使“更多的人用更多的时间去收集、分析和处理信息，这是一种与我们所熟悉的完全不同的文化现象……只要一按按钮，人们就可以得到有关决策过程的许多信息……信息使人获得平等的权利，它将摧毁社会的等级制度”[④]。网络的分权、平等和能力特征，在削弱集权控制的同时明显拓宽了民主的内涵。“计算机网络非人化的特点可以释放出民主的力量，它抹去了种族、年龄、流派、相貌、怯弱和残疾等隔阂，鼓励人们畅所欲言。”[⑤]在信息化的时代，网络为公意的表达提供了最好的渠道，信息的散播迅捷而广泛，任何合作机制的构建都将是轻而易举的。

舆论也是信息传递的重要渠道，我们通过舆论得知一些信息，同时也通过舆论传递一定的信息。不过有“两种舆论很容易混淆：一是仅仅从

① 冯建伟．信息新论［M］．北京：新华出版社，2001：242–243.
② ［美］西奥多·罗斯扎克．信息崇拜：计算机神话与真正的思维艺术［M］．苗华健，陈体仁，译．北京：中国对外翻译出版公司，1994：153.
③ 周宪．精英的或民粹的：两种文化研究范式及其启示［J］．中国社会科学，2000：6.
④ ［美］西奥多·罗斯扎克．信息崇拜：计算机神话与真正的思维艺术［M］．苗华健，陈体仁，译．北京：中国对外翻译出版公司，1994：131–132.
⑤ ［美］西奥多·罗斯扎克．信息崇拜：计算机神话与真正的思维艺术［M］．苗华健，陈体仁，译．北京：中国对外翻译出版公司，1994：157.

公众传播这个意义上说的公众舆论；二是在一定程度上由公众自己形成的公众舆论。在第一种意义上，我们有制造出来的公众舆论，但没有由公众产生的公众舆论。在第二种意义上，我们有公众的舆论，这意味着公众是主体”①。网络空间提供了绝佳的数字平台，任何人都能以主体身份构建有利于自己的舆论。如1999年网友在人民网的“强国论坛”上强烈谴责美国轰炸我国驻南联盟大使馆，形成了一呼百应的爱国舆论，传递了中国人民追求民主、不畏强暴、反对霸权的明确信息。

就意见的表达和权衡而言，民主分为直接民主和间接民主。“民主最有价值的部分和非常卓越的优势，不在于它能保证和平、安静与好的决策，而在于它能为公民提供判断这些决策质量的权利。”②但是仅有信息权利不会自动实现民主，还得人们占有信息后根据自己的利益取向，运用自己的智慧表达对某一问题的意见。由于地理、时间和信息等各种条件的限制，意见表达有时无法直接实现互动，需要通过代议制来间接表达民主意见。网络的出现使得“无论代议制民主还是规模经济都显得过时。现在，每个人都可以实现一种有效的直接民主”③。网络对民主的最大影响在于它使得人们能够很容易组织起来。“网络正在形成一种崭新的公共空间以展开对公共领域问题的讨论。在网络空间，一方面网民可以各自发表意见，另一方面通过超链接，可以将发布各种观点的新闻网站呈现在大众面前。”④网络可直接将不同资料通过相应软件，整合成有用的信息，让人们能够不须经过中间代理人环节就能获取充足信息。

就共识的形成和抉择而言，民主实行多数服从少数的原则。意见分歧的表达是民主的重要内容，表达的最终目的是达成共识。共识有三个层次：一是共同体层次的共识，或者说是基本的共识。二是政体层次的共

① ［美］乔·萨托利.民主新论［M］.冯克利，阎克文，译.北京：东方出版社，1998：109.

② ［英］约翰·基恩.媒体与民主［M］.刘士军，译.北京：社会科学文献出版社，2003：168–169.

③ ［日］猪口孝，［英］爱德华·纽曼，［美］约翰·基恩.变动中的民主［M］.林猛，等，译.长春：吉林人民出版社，1999：145.

④ 熊澄宇，等.信息社会4.0［M］.长沙：湖南人民出版社，2002：120.

识，或者说是程序的共识。三是政策层次的共识，或者说是政策共识。① 实际上达成的共识一般是多数意义上的大体意见一致，很难达到完全的意见统一。只要有意见分歧就一定会有多数和少数之分，若是一时难以达成共识的话，就会陷入无休止的争论之中。所以，少数服从多数作为民主的基本原则就有其必要性了。一个人代表一个平等的意见单元，多数意见的一致基本上也就可以代表民意了。网络上同样如此，一个账号表达一个意见，多数人的呼应就相当于共识的达成。

其实，仅靠数量优势的民主很难保证质量，多数人的同意和决策并不等于最佳方案。民主既是制度和活动，同时也是能力，当没有能力维护表达自己意见的自由时，再多的人也可能会成为专制的应声虫。即使在民主国家，由于信息拥有的不对称，民众很容易受到媒体的蛊惑，成为跟风的投票工具。自由主义大师哈耶克很多年前就睿智地看到："多数决策的权威性并非源自即时多数的意志，而是源自对某些共同原则的广泛同意。"如果"无视对多数权力的限制，从长期来看，不仅会摧毁社会的繁荣及和平，而且还将摧毁民主本身"②。假如这些共同原则的持有者是少数人，得不到限制的多数人利用数量优势就会造成多数人暴政问题，而这是民主自身很难解决的。在以吸引注意力为核心任务的网站来说，假如以数量作为衡量网络媒介的标准，那么满足人最低级猎奇需要的性与暴力、小道绯闻最有可能是网络传媒的最大赢家，而那些走精英路线、想抱持某种专业水平的网站永远需要面对浏览量少的压力。只要人数多，永远是赢家。

所以要注意民主的数量，更要注重民主的质量。网络革命带来了民主改善的机会和途径，将为传统的少数服从多数的民主原则带来挑战，少数派的权力凸显出来，构筑一个容纳少数派权力在内的新的民主机制成为可能。网络可以改变信息供应的匮乏情况，改变网络信息使用者与提供者之间"信息不对等"的情形，消除第三者对信息传输的干扰，使得弱势群体也可利用网络传递真相、维护原则，达到民众充分的政治互动目的。"以那

① ［美］乔·萨托利．民主新论［M］．冯克利，阎克文，译．北京：东方出版社，1998：101.

② ［英］哈耶克．自由秩序原理［M］．邓正来，译．北京：生活·读书·新知三联书店，1997：129，132.

些能最有效地动员自己特殊利益的部队的人为特征的时代即将到来。少数派的否决代替了多数派的表决。”[①] 传统社会的多数派统治意味着给穷人公平的机会，因为穷人是大多数。网络空间的经济、技术和知识的限制使得穷人变成了少数，多数统治的原则未必仍是人道和民主的了。网络的去中心化结构以及网络个体的独立性使得个体对集体的依附性减小，造成网络民众的部落化分布，因此以往那种诉诸多数的民主原则就很难行得通了。

2. 网络权力

网络所带来的最大改变，是改变了权力的分配。托夫勒说："信息是和权力并进而和政治息息相关的。随着我们进入信息政治的时代，这种关系会越来越深。"[②] 马克·斯劳卡也认为："数字革命在它的深层核心，是与权力相关的，而文化方面的讨论却很难触及这个核心。"[③] 既然从文化的视域难以触及网络革命的核心，那么尝试从权力角度来审度网络不失为一条可行的道路。

福柯曾对权力做出过精彩的论述，他的权力观主要涉及八方面内容："①权力是一种行动方式，即一些行动校正另一些行动的方式；②权力仅仅是自由主体的事；③权力关系是动态的、不稳定的；④权力关系不同于交往关系，也不同于自然物或机器的权力；⑤权力关系不是存在于社会真空中的；⑥权力与知识是内在联系在一起的；⑦权力关系是一个网络；⑧权力是主体的建造者。"[④] 透过繁复的论证，可以看出他的中心思想就是权力不是一种实体，而是一种内在的关系。换言之，所谓权力就是主体对客体的一种控制力、制约力和影响力。[⑤] 根据权力主体范围的大小，权力关系可划分为微观的人际之间的权力关系、中观的组织体与组织成员之间的权力关系、宏观的国际之间的权力关系之演变。权力的最大属性是利益

① ［美］莱斯特·瑟罗. 资本主义的未来［M］. 周晓钟，译. 北京：中国社会科学出版社，1998：255.

② ［美］托夫勒. 预测与前提［C］// 托夫勒著作选. 沈阳：辽宁科学技术出版社，1984：9.

③ ［美］马克·斯劳卡. 大冲突：赛博空间和高科技对现实的威胁［M］. 黄锫坚，汪明杰，译. 南昌：江西教育出版社，1999：152.

④ 王治河. 福柯［M］. 长沙：湖南教育出版社，1999：189-190.

⑤ 李军. 权力和利益［J］. 实事求是，2000：2.

属性。权力是人们追求的中继目标，利益才是人们追求的终极目标。人类的活动“首先是为了经济利益而进行的，政治权力不过是用来实现经济利益的手段”①。权力的行使直接影响社会成员的利益，决定着人们能够得到的各种利益的范围及其大小，所以说，利益是权力的动力和目标。笔者主要是从微观的人际权力关系意义上展开论述。

从历史的角度来看，权力的起源依次是武力、财富和知识，正如托夫勒所说：“武力、财富和知识是最终的权力杠杆。”②他进而指出：“今天历史性的力量转移，正如我们所见到的，造成了权力的两个最基本的来源——暴力和财富——越来越依赖于第三个来源：知识。”③网络社会的到来使得知识和信息逐渐成为最重要的权力源，而武力和财富则越来越依赖于知识和信息。后现代理论家利奥塔曾指出：“知识和权力是同一个问题的两个方面：谁决定知识是什么？谁知道应该决定什么？在信息时代，知识的问题比过去任何时候都更是统治的问题。”④“在我们开放、民主的社会里，拥有正当获取知识的途径被认为是健康政体的基石。”⑤

顺着“知识就是力量”的逻辑往下推论，很自然地过渡到网络权力的归属问题上，即知识和信息的占有者之间的关系。网络权力是权力的一种，围绕着网络发生的权力关系有两类：一是真实世界的权力关系；二是虚拟世界的权力关系。这两个领域权力关系的互动使得“网络权力呈现出如下三个特点：知识化、扁平化和分散化。网络社会政府权力的转移表现为：组织结构由科层制向扁平化发展，权力结构由控制型向分权型发展，决策结构由垂直式向交互式发展”⑥。

---

① 马克思，恩格斯．马克思恩格斯全集［M］．第 4 卷．北京：人民出版社，1995：250.

② ［美］阿尔温·托夫勒．权力的变移［M］．周敦仁，等，译．成都：四川人民出版社，1991：12.

③ ［美］阿尔温·托夫勒：权力的变移［M］．周敦仁，等，译．成都：四川人民出版社，1991：361–364.

④ ［法］让·弗朗索瓦·利奥塔．后现代状况：关于知识的报告［M］．岛子，译．长沙：湖南美术出版社，1996：47.

⑤ ［美］保罗·利文森．软边缘：信息革命的历史与未来［M］．熊澄宇，译．北京：清华大学出版社，2002：12.

⑥ 刘文富．国外学者对网络政治的研究［J］．政治学研究，2001：2.

网络空间里的权力之争首先发生在技术精英和普通个人之间，他们在获取和支配信息方面的能力是完全不平等的，二者之间存在着巨大的“知识鸿沟”，人数不多的前者获得了信息霸权。蒂姆·乔丹(T.Jordan)认为，网络权力主要表现在三个方面：首先，从个人来说，网络是一种把权力授予个人的媒介。由于网络空间被认为是个人活动的领地，因此网络权力由个人拥有和使用。个人在虚拟空间中得到进一步解放。其次，从社会观点来看，网络空间被看作是一个社会空间，网络权力表现为一种技术权力。在网络空间拥有更大的自由活动权力的人是那些能够控制网络空间和互联网技术的精英。最后，当互联网和网络空间被看作是一个社会或一个数字王国时，网络权力表现为一种想象力量，每一个人都认识到，相互间都是对虚拟生活的一种崇拜。[①]在网络中总的趋势是既有集权也有分权，二者同时并存。网络强化了网络技术精英的权力和地位，进一步巩固了技术专家统治的社会格局。同时，网络技术加快了信息的流动速度，扩大了信息的传播范围，使过去只有某些专家才可拥有的专业知识在全社会范围内得到共享，这就打破了专家对专门知识的垄断，标志着他们所掌握的技术权力的失落。网络中权力之争的痕迹到处可见，比如在BBS的发言中，版主就拥有“把关”的权力，可对所主持的论坛进行技术把关、形式把关、内容把关和观点把关。所谓技术把关，就是通过技术手段来实现把关，比如删除不受欢迎的帖子、对帖子来源进行IP屏蔽等。形式把关就是规定好言论发表的形式，如不能寄发病毒文件或任意删改他人发言等。内容把关就是对发表言论的主题及材料加以把关，比如不得在网上传授自杀方法或发表露骨的性言论等。观点把关就是对发表言论的观点有所限制，如邪教理论、反对宪法的观点等。

网络空间里的权力之争还表现为政治家和技术专家之间的权力之争。政治家往往从维护社会稳定等宏观角度对网络带来的负面影响加以控制，例如对色情网站、政治离心分子网站等进行控制和管理。技术精英则以手中掌握的技术优势来抵制政治家的权力渗透。政治家可以通过对网络信息内容的控制，塑造一种科技专制世界。有可能出现比因特网产生之前

① 田作高.国外网络政治研究现状［J］.上海社会科学院学术季刊，2002：1.

更为严厉和深刻的个人控制。例如，由于政治家占据着信息链条的主导地位，掌握着一般公众包括技术专家所不能了解的大量抽象的信息和数据，他们可以通过对数据信息的解释权为他们的政治操纵和控制提供极大的便利。并且，网络交流的匿名性尽管带来了交流的自由性，但是这种匿名机制本身也可能带来对个人更严厉的监控。按照马克·波斯特的观点，信息科技的广泛使用以及快速发展形成了更强大的监控系统，即电子监控下的"超级全景监狱"（Superpanopticon）。①网络是个巨大的涡旋，个人上网的所有行为必然带来信息的暴露（包括姓名、地址、通信方式、消费记录乃至消费习惯、兴趣喜好等），这些信息或许是自知的或许是不自知的，都会统统曝光在网络上，曝光的结果就是被监视。上网的自由被无处不在的他者注视所剥夺，其中最具权威能无遮拦地看到全部电脑网络的就是政府和政治家。网络对个人数据的全面采集使得政治家更容易控制公众的言行，而匿名交流又使政府的监控十分隐蔽。所以说，尽管网络权力只有反映受众的需求、得到受众的认同才能发挥作用，但是这种权力实际上建立在对大众主流意识形态的有意建构和强化上面。

总之，人们利用网络是为了满足自身的各种经济和政治的利益需求，只有从利益出发才可以得出人们的网络使用趋向的深层根源所在。很大程度上，利益层面的审视只是从工具论的角度来进行理论透视，网络在此起到了传递人们利益需求、满足利益需求的工具性作用。但是我们应该看到，网络作为工具并非是与价值无涉的，同样的网络利用会产生不同的价值问题。网络自从诞生起就被刻上了很深的利益和价值的烙印，如何平衡各种利益之间的刚性矛盾和内在冲突，是网络利用中不可回避的问题。

① ［美］马克·波斯特．信息方式［M］．范静哗，译．北京：商务印书馆，2000：127.

第三章
伦理维度中的网络空间

网络空间中不仅存在着利益关系，而且也不断产生伦理关系。事实上，任何人类的实践问题和行为问题，都必然要涉及伦理问题。网络空间的出现既给社会伦理带来积极的促进作用，也向既存的社会伦理提出了各种挑战。网络空间中伦理问题的存在，既表明了网络伦理建设的必要性，同时也给网络伦理的建设提供了动力。如何由网络伦理出发去调剂个人利益和公共利益的矛盾，进而实现网络伦理的建构是网络空间建设的根本任务之一。

一、利益的伦理依归

（一）从利益走向伦理

人是理性的动物，会通过理性手段去满足自己的利益和需要，同时也利用理性思维去评价自己利益活动的动机、手段和结果。前者是工具理性，后者是价值理性。“既然理性的观念是不可分的，既然理性的观念既适用于物质自然又适用于人类自然，因而在这两者之间并没有本质的区别，那么我们即可以以理性的方式认识它们。”[①]工具理性关注的中心点表现在个人方面是利益最大化，表现在企业方面是利润最大化，表现在社会方面是效率最大化。现代社会最有效的利益实现手段是技术，尤其是最能代表科技发展水平的高新技术。当代著名学者丹尼尔·贝尔从过程的角度将技术分为五个维度：功能、能量、复制、通信与控制、计算，其中最明显的维度是功能，即功能和功效是技术的首要追求，这也就是所谓的工具理性。技术起到桥梁的作用，一头是主体追逐的利益，另一头是作为对象的客体。人的利益需要和技术发展相互鼓动形成技术进化的螺旋，人的利益需要越来越广，对技术的要求也越来越高，技术也就发展得越来越快，以满足人的利益需要，并且制造出更多的利益需要，如此利益和技术交替前进。

“把人和社会连接起来的唯一纽带是天然必然性，是需要和私人利益。”[②]就利益本身来说既非善也非恶，一如人的生命存在本身一样，也恰恰是人的生命存在要求着利益的满足。尽管自利本身不具备道德性，但是追逐利益的手段和结果有善恶之分。在经济活动中，即便人是自利的，但是如果人人都完全自利而不计后果，就会使人人的利益都受损。这就是“囚徒困境”在现实中的具体体现。理性的算计没有错误，错就在于如何去算计，是合于他人之利还是逆于他人之利呢？这就是问题的分界线。

网络作为最新科技的卓越代表确实极大地改变了人们求利的方式，总的来说是更能满足人们的利益需要，无论是经济的还是政治的，甚至还包括精神的。但是“工具所具有的功能”与当前“工具所能发挥出的功能”还是有区别的，网络作为人们的求利工具所具有的潜能是否完全发挥了，端看发挥的方式如何。作为自我利益的理性存在物，个人确实会主动而自觉地选择使个人利益最大化的行动路线；但当逐利范围扩大到群体后，个人还有待人如己的那种利益最大化的行动路线的选择吗？显然，个人理性只能充当集体理性的必要条件而不会无原则地充当充分条件，因为利益最大化不能保证手段的合理，个人理性不会无障碍地跨越到集体理

① [法]让·马克·夸克.合法性与政治[M].佟心平，王远飞，译.北京：中央编译出版社，2002：159–161.

② 马克思，恩格斯.马克思恩格斯全集[M].第1卷.北京：人民出版社，1963：439.

性。由于理性的隐身（认为一己之力会稀释在公众集块中显得可有可无，因而对公共利益不负责任）以及搭便车心理（希望坐观他人为公共利益服务而自己顺享其利）的作祟，个人理性对一个人能发挥作用并不等于对另一个人能发挥同样的作用，个人利益的相加并不等于公共利益，个人利益的正面性也不会自动加和到公共利益中去。相反，性质相悖的利益取向反而会导致总体利益的递减。网络中的知识权力结构决定了权力两极的利益取向不会完全重叠，会带来双方利益的冲突。可见工具理性的泛滥导致了利益的冲突，最终会毁灭利益最大化目标的实现，导致生活世界的殖民化，破坏生活世界中的合理交往。

所以，化解利益冲突的途径要辅之以价值理性。工具理性注重的是理性（reason），价值理性注重的是合理性（rational），两者的关系亦即作为方法的善和作为目的的善，类似于亚里士多德所说的理智德性和伦理德性。“前者是关于达到目的的手段和后果的‘事实’（is）关系，后者是从个别价值判断归纳出最终判断的公设，再从中演绎出个别价值判断的‘应然’（ought）关系。”[①]“事实”就是纳入人们眼界的利益，“应然”是调节利益的伦理道德[②]。恩格斯指出：“人们自觉地或不自觉地，归根结底总是从他们阶级地位所依据的实际关系中——从他们进行生产和交换的经济关系中，吸取自己的道德观念。”[③]道德是以利益尤其是经济利益为基础的，利益是人际交往的动力和底线。无论是禁止性的伦理规范、倡导性的伦理规范还是鼓励性的伦理规范，实际上其运转的核心就是人们之间的利益，包括个人利益和公共利益。伦理关照下的个人利益追求须具备两个合理性条件，只有满足下述两个条件的追求个人利益的行为才具有道德上的合理性：一是无害性，即不伤害他人的合情、合理、合法的利益；二是公益性，即最大限度促进公共利益的实现。前一条件是个人行为道德性有无的底线；后一条件是确定行为道德价值大小的依据。获益行为的正当性在于实

① 苏国勋．理性化及其限制：韦伯思想引论［M］．上海：上海人民出版社，1988：94.

② 伦理是倾向于社会化的、人人均需普遍遵守的价值规范和行为准则；道德是倾向于个性化的、带有个人特点的价值观和行为规范。本文在此不作过细区分，在应用时作等同观。

③ 马克思，恩格斯．马克思恩格斯选集［M］．第3卷．北京：人民出版社，1972：133.

现力量以及手段和结果的正当与否，具体说就是利益的获得必须靠自己力量而不是靠夺取的方式；同时还得具备获益手段的正当性以及获益结果的无害性。由此利益的追逐不仅仅是量化意义上的，更重要的是质的意义上的。

麦金太尔认为，德性是人们实现其内在利益的唯一方式。麦金太尔把人们追求的个人利益分为两大类：内在利益与外在利益。所谓内在利益就是指人们的实践活动本身所具有的利益，它是一种只有实践活动的主体在实践活动中才能享受到的利益，它是个人在追求实践活动本身的卓越过程中获得的，只有实践主体根据一定的实践经验才能体验到这种利益。外在利益就是指在一定的社会条件下，人们通过任何一种形式的实践就可获得的权势、地位和金钱。外在利益表现为个人对物的占有，一个人外在利益的增加就意味着另一个人外在利益的相对减少。伦理道德是人类依据自身的本性和理性创造的“内在价值”和“内在尺度”，它具有不可忽视的工具性价值，为人类道德取向提供了可供选择的价值工具，但更重要的是道德本身具有的“内在价值”是工具性价值的根基。①

马克思指出：“既然正确理解的利益是整个道德的基础，那就必须使个别人的私人利益符合全人类的利益。”②如何引导人们正确认识和处理利益和道德的关系、公共利益与个人利益的关系，是伦理学的基本问题。道德并不排斥道德，它是为更好实现利益服务的。就麦金太尔的“内在利益”和“外在利益”来看，道德具有价值意义上的二重性，道德既是目的又是手段。目的和手段的道德性是根据如何处理个人利益和公共利益而得出的评判。首先，完全既不利己，也不利他的行为很难说是道德的，但是完全利己和完全利他也很难说是道德的。完全利己不符合手段意义上的道德，完全利他不符合目的意义上的道德。其次，仅以利己为出发点是不道德的，仅以利他为出发点也是不现实的。最后，效率和公平是分不开的。人追逐利益是为了幸福，而追求幸福必须公平。所以，道德的价值不在于事实性如何，而在于与人的利益需要相比较的效度。道德价值附丽于要调

① ［美］麦金太尔．德性之后［M］．龚群，戴扬毅，译．北京：中国社会科学出版社，1995.

② 马克思，恩格斯．马克思恩格斯全集［M］．第2卷．北京：人民出版社，1959：167.

节的利益对象身上，利益对象由于合乎道德调节而成为有价值的，人们由于利益满足而生成价值评价。

在网络中处于价值链两端的利益主体，由于利益取向的不同既有冲突的可能，也有合作的必要。网络开发商逐利的前提是要有足够的“眼球”汇集，网站用户越多其信息就越有价值。开发商就可能通过技术升级和免费派发软件等方式吸引用户的参与，对于用户来说也有必要加入共同的商业默契行为中，二者的联合才能形成共生、共享的网络空间。就具体的每个网络用户而言，上网的目的是索取各种信息，享受权利的同时也要奉献信息，因为自己索取的信息就是他人奉献的结果。所以，网络用户的行为不在于要不要利益，而在于如何区分个人利益和公共利益的，如何找到实现各自利益的方式。

马克思指出：“私人利益本身已经是社会所决定的利益，而且只有在社会所创造的条件下并使用社会所提供的手段，才能达到；也就是说，私人利益是与这些条件和手段的再生产相联系的。这是私人利益；但它的内容以及实现的形式和手段则是由不以任何人为转移的社会条件决定的。”[①]个人利益的实现是离不开共同利益的，尽管二者之间存在着差异，但同时也存在着内在转换的一致性，个人利益满足的现实依据就在于共同利益之中。“共同利益就是自私利益的交换。一般利益就是各种自私利益的一般性”，“共同利益恰恰只存在于双方、多方以及各方的独立之中”。[②]也就是说：“每个人只有作为另一个人的手段才能达到自己的目的；每个人只有作为自我目的才能成为另一个人的手段；每个人是手段同时又是目的，而且只有成为手段才能达到自己的目的。只有把自己当作自我目的才能成为手段。也就是说，这个人只有为自己而存在才把自己变成为那个人而存在，而那个人只有为自己而存在才把自己变成为这个人而存在。”[③]其实我

① 马克思，恩格斯 . 马克思恩格斯全集（上）[M]. 第 46 卷 . 北京：人民出版社，1979：102–103.

② 马克思，恩格斯 . 马克思恩格斯全集（上）[M]. 第 46 卷 . 北京：人民出版社，1979：197.

③ 马克思，恩格斯 . 马克思恩格斯全集（上）[M]. 第 46 卷 . 北京：人民出版社，1979：196.

们还是可以从边沁所设定的功利原则——“最大多数人的最大幸福原则”中去发掘出合理的内容：即追求和实现个人利益的最大化，要以“最大多数人的最大幸福”的实现为目标，即个人利益的最大化是动机和起点，公共利益的最大化是目标和归宿。

由此可见，在网络空间中用户的行为是以技术为手段、利益为动力、伦理为目的的，我们可以以价值合理性为动力，以工具合理性为行动准则，将两者协调起来，这说明“不是观念而是物质的和理想的利益直接控制了人们的行为。但是，‘观念’所创造的‘世界形象’却经常像铁路扳道手一样，决定了被利益动力所推进的行为行进的轨道”[①]。所以有必要将网络审视的目光从利益转到伦理角度。

（二）网络伦理界定

人们的网络应用涉及人们的行为，涉及个人、社会、企业、社会团体等各方面的利益。网络伦理正是为了合理认识和调节信息与网络技术应用中引起的各种复杂的利益问题而获得自身理论谱系存在的正当性的。

所谓网络伦理是指对网络行为所引起的伦理问题进行的理论分析与经验归纳，目的是制定网络行为规范和评估网络应用政策。狭义的网络伦理研究的是微观层面上的网络空间中的网络伦理行为问题；广义的网络伦理研究的是宏观层面上的网络空间中社会影响下的网络行为问题。网络伦理和计算机伦理是交叉关系，在本文中二者可交换使用。

网络伦理是科技伦理的一种，属于应用伦理的范围，具有交叉学科性质。网络伦理包括两个层面：伦理层面和应用层面。首先，网络伦理的研究应用了伦理学的学术规范；其次，网络伦理的研究注重了应用取向。所以，网络伦理既具有理论性，也具有操作性。

网络伦理得以成立的基础包括物质基础、实践基础和理论基础。网络伦理赖以存在的物质基础是指网络信息与网络技术开发和应用中的利益，包括群体的公共利益和个体的特殊利益。网络伦理的实践基础就是

① ［美］罗伯特·鲍柯克，肯尼思·汤普森. 宗教与意识形态［M］. 龚方震，译. 成都：四川人民出版社，1992：40.

网络行为，包括个体行为和群体行为、网络行为和其他社会行为。网络伦理的理论基础包括哲学理论基础和理论伦理基础，哲学理论基础主要是后现代主义哲学，后现代主义的“你想怎样就能怎样”或“怎样都行”、无主题、无中心、无权威、多元化、表面化、个体自主、动态的联系、语言文字游戏等特点恰好在网络中找到了它理想的范本；理论伦理基础是原来的德性伦理、规范伦理以及元伦理学理论，对网络伦理影响最直接的三个伦理派别分别是以边沁和密尔为代表的功利主义，以康德和罗斯（W.R.Ross）为代表的道义论，以霍布斯、洛克和罗尔斯为代表的权利论。

网络伦理的研究对象是因网络行为而引起的各种伦理问题，马克思说：“问题就是公开的、无畏的、左右一切人的时代声音。问题就是时代的口号，是它表现自己精神状态的最实际的呼声。”[①]第一，网络行为过程中实际遇到的具体问题，如网络行为的划分及其道德性、网络应用的负面问题等；第二，网络行为与其他社会行为的关联产生的实践和理论问题，如网络经济问题、网络政治问题、网络文化问题等；第三，网络行为的哲学问题，如网络行为的哲学依据，理论伦理在网络中的适用性问题以及网络伦理体系的建构问题等。质言之，网络空间中发生的现实伦理问题除了少数重大的违背伦理精神的行为除外，大部分是微观层面的具体问题，这也是所谓的普遍意义只能是引申化的经验和理性相互比照的规范。

由研究对象所决定，网络伦理至少包括这样三个部分：伦理本体论、伦理实现论和伦理建构论。首先，网络伦理是一种实践精神，既是一种意识结构，又是一种行为方式。前者包括属于网络行为主体的自由、正义等道德观念、心理层面的义务感和责任感，以及属于社会方面的道德原则和道德规范。网络道德更注重在道德原则和规范约束下、在一定的义务感和责任感激发之下的网络行为方式。其次，网络伦理实现论所要研究的是网络伦理如何实现其各种功能的问题。它所追问的问题有：谁来实现？如何实现？就谁来实现而言，网络伦理的主体包括个体与社群（群体）；就如何实现而言，网络伦理实现的形式包括道德选择和道德评价。最后，网络伦理建构论关心的是网络主体要内化为尺度并积淀为一定责任感和义

① 马克思，恩格斯．马克思恩格斯全集［M］．第40卷．北京：人民出版社，1982：289–290.

务感所需要的道德规范体系的建构方法及内容。

网络伦理作为应用伦理的一种，其规范体系建构方法有两个方向：一是由伦理到应用，二是由应用到伦理。前者是演绎的方法，主要是考察理论伦理原则和规范在网络中的应用以规范网络行为；后者是归纳的方法，主要是考察现实的伦理问题以找出切实可行的指导原则和规范。其实这两种方法都是不可或缺的，因为道德“意志正处于它的先天的（形式上的）规则和后天的（实质上的）规则的交界线上，一个是理性的，另一个是经验的”[①]。J.H.摩尔（J.H.Moor）在《何为计算机伦理学》一文中提出了计算机伦理学“四步法”。其主要内容是：第一步，计算机伦理学要考察由于计算机技术的应用而导致的“政策真空”。第二步，计算机伦理学要有助于澄清由于计算机技术的应用所改变了一些核心伦理条款的意义而出现的观念混乱。第三步，计算机伦理学要制定“伦理”政策以填补相应的“政策真空”。第四步，计算机伦理学要根据人们的价值取向来证明新政策的合理性。

网络伦理的功能是网络伦理存在的意义和价值之依据，也就是网络伦理何以存在的问题。首先，网络伦理具有认识功能。它包括认识网络伦理的功能和网络伦理认识的功能。用户通过网络伦理指认现实的网络问题，辨别是非、断定善恶，从而培养对网络伦理规范的选择和建构能力。其次，网络伦理具有调节功能。主要是调节网络行为中的利益关系，整合网络应用中的规范体系。调节的对象是利益，调节的途径是整合。再次，网络伦理具有辩护功能。为网络行为进行辩解，为网络政策进行辩护。最后，网络伦理具有批判功能。对进步网络行为的品评和对落后网络行为的批评。网络伦理批判不是一种纯理论的批判，而是包括对已有伦理理论的批判、大众常识的批判和社会现实的批判。

网络伦理是理论伦理和网络应用的产物，所以不能脱离具象的应用来谈玄论道以至于流于空幻虚无，也不能滞留于形而下的就事论事而弱化了批判反思能力。“在关于行为的原理中，虽然那些普遍原理适用性更为广泛，但是那些部分的原理却有更大的真理性。因为行为是关于个别事物

① ［德］康德. 道德的形而上学基础［C］// 西方伦理学名著选辑：下卷. 北京：商务印书馆，1987：357.

的，所以我们的理论也应该与个别事物保持一致。”[①]个人的网络行为不仅存在“能不能”的技术操作规定，还存在“该不该”的伦理道德要求，个人“能够”采取一种特殊的行为并不意味着他“应该”采取那样的行为。所以“除非人们普遍允许他们的精神繁荣的利益取得优先于其物质繁荣的利益地位，否则所有将被提出来用以防止计算机统治的措施都不会有任何真正的效果……人们必须用超越主观的规范性原则来约束自己，只要涉及技术发展”[②]。但是网络技术的发展不断提出新的问题，促使网络伦理的一般原则和规范也会发生相应的改变，产生“经”“权”之间的变动，“经”就是普遍的原则和规范，“权”就是特殊的具体规定。前者代表着群体的共同利益，后者代表着个体的特殊利益。一言以蔽之，套用冯友兰先生的话，网络伦理就是“可变的道德”[③]。

（三）网络空间的伦理意义

如果将“网络”和“伦理”两个词素之间视为修饰关系，那么“网络”这一新疆域将为伦理研究带来某种范式上的转换。

第一，在学科研究方面，网络应用拓宽了伦理学的研究领域，网络伦理成为伦理学新的增长点。“事实上，现实和虚拟本来都是生活世界的组成部分，也都是人的实存状态。因此，网络的出现并没有从根本上否定生活世界的概念，只是拓展了生活世界的内涵。”[④]网络给网民提供了运用现实生活中很难用行为去实践道德原则的机会，增强了伦理原本具有的实践意味，从而网络具有操作伦理的性质。

---

① ［古希腊］亚里士多德．尼各马可伦理学［M］．王旭凤，陈晓旭，译．北京：中国社会科学出版社，1990：35.

② ［荷］舒尔曼．科技时代与人类未来：在哲学深层的挑战［M］．李小兵，谢京生，张峰，等，译．北京：东方出版社，1995：377.

③ 冯友兰先生曾有过精辟的论述：“有些道德是跟着社会来的，只要有社会，就得有那种道德，如果没有，社会就根本组织不起来，即使暂时组织起来，最后也要土崩瓦解。有些道德是跟着某种社会的，只有这一种社会才需要，如果不是这种社会，就不需要它。前者我称之为‘不变的道德’，后者我称之为‘可变的道德’。”参见冯友兰．三松堂自序［M］．上海：上海三联书店，1984：290.

④ 刘国永．现实人与虚拟人的对话：网络时代教育主体的交往方式［J］．南京师大学报，2001（5）.

第二，在道德意识方面，网络发展形成了许多新的价值观念和伦理精神。首先是自主意识的提升。网络主体经历了由依赖型道德到自主型道德的嬗变，上网就意味着要自觉地做网络的主人。网络是道德主体能动性和潜力得到提升的重要确证，是主体道德自律性增强的重要机会。由于角色意识的缺失，网络主体只能依靠自己的良心行事；由于管理机构的缺乏，网络主体只能自我约束。其次是奉献意识的高扬。奉献精神是网络社会基本的价值导向。众多网络主体的参与形成网络空间，没有信息奉献就没有信息的共享。再次是权利意识的扩展。网络主体因网络的无中心结构极大扩展了权利意识，维权意识空前高涨，参与意识非常活跃。又次是平等意识的凸显。网络剥离了现实社会中被身份所掩盖的社会差距，在网上没有特权，每个人都是中心，人与人之间趋于平等，不受等级制度的制约。网络打破了知识垄断，填平了大众与精英之间的鸿沟。最后是民主意识的开拓。网络的核心是民主开放性。在虚拟网络空间里，人人都有发言权，每个网民都可以自由选择，任何网络事物的解决都需要通过民主商谈的方式。

第三，在道德规范方面，网络伦理形成了一系列特殊的行为规范。这些由网络技术原因引起的行为规范，导致了对“既有道德”中具体道德规范的修正、变更或补充。本文后面还要谈到这方面的内容。

第四，在道德行为方面，网络拓宽了人类交往范围。交往是社会发展和个体发展的必要和普遍的条件。网络改变了人类传统的交往模式，拓宽了人类交往的空间，给人类交往带来了全新的特点，深刻改变了人与人、人与社会的关系，对伦理关系和价值观念的影响是历史上任何一次科技革命都无法比拟的。

（四）网络空间的伦理困境

马克思曾经告诉我们，“在我们这个时代，每一种事物好像都包含有自己的反面……技术的胜利，似乎是以道德的败坏为代价换来的。随着人类愈益控制自然，个人却似乎愈益成为别人的或自身的卑劣行为的奴隶，甚至科学的纯洁光辉也只能在愚昧无知的黑暗背景上闪耀。我们的一切发现和进步，似乎结果是物质力量具有理性生命，而人的生命则化为愚钝的物质力量。现代工业、科学与现代贫困、衰颓之间的这种对抗是显而易见的、不可避免的、毋庸争辩的事实”[①]。网络技术同样不仅给社会伦理带来了积极的促进作用，也提出了各种伦理问题。好莱坞电影《网络惊魂》就给我们提出了“自己的命运到底掌握在谁的手里”的伦理问题。电影中身为电脑程序设计师的女主角，平日离群索居，只在电脑网络上与现实世界打交道。她在网络上购物，在网络上洽谈公事，在网上娱乐，直到有一天，女主角被无端地卷入一起谋杀案，才发现她的一举一动都在网上被监视，个人资料也被篡改，把她从一个平凡女子变成一个前科累累的通缉犯，现实世界中却无人能为她平反，因为她谁也不认识，真正陷入了孤立无援的困境。

关于网络的问题，国外有人把这个网络问题概括成七个P，第一个是Privacy（隐私），第二个是Piracy（盗版），第三个是Pornography（色情），第四个是Pricing（价格），第五个是Policing（政策制定），第六个是Psychology（心理学），第七个是Protection of the network（网络保护）。美国南加利福尼亚大学在网络伦理声明中把不道德行为归为六类：一是有意地造成网络混乱，擅自闯入网络及其相连的系统；二是商业性地或欺骗性地利用大学计算机资源；三是偷窃资料、设备或智力成果；四是未经许可而接近他人文件；五是在公共用户场合，做出引起混乱或造成破坏的行为；六是伪造电子函件信息。[②]

概而言之，当前网络道德的主要问题表现为以双重标准对待网络空间和社会生活中的道德活动。所谓双重标准就是指同一性质的行为在虚拟社会和现实社会将得到截然不同的道德评价。一方面，既有的现实道德规范不适应网络运行的新环境。另一方面，新的网络道德规范还没有建立或发展成熟，从而形成网络道德的理论真空。现实社会中既有道德不能无障碍地移用到网络中去，网络空间中新的道德规范又不断受到既有道德的挤压，形成了不同道德规范的并存、冲突，造成网络行为的双重性。网络空间中的道德冲突既表现为既有道德体系之间的冲突，又表现为同一道德内部不同道德要求之间的冲突。由于网络的时空压缩性特征，网上内容的呈

---

① 马克思，恩格斯 . 马克思恩格斯选集［M］. 第 2 卷 . 北京：人民出版社，1972：78–79.

② 严耕，等 . 网络伦理［M］. 北京：北京出版社，1998：225–226.

现实际上渗透着不同国家、社会、意识形态的道德要求，这些要求有时是很难达成共识的，比如在网上传播色情信息在有些国家是合法的，在有些国家是非法的，色情信息的网络传递跨越全球，在不同国家引起截然相反的反应。即使是同一道德规范体系之中，也会有不同道德要求之间的冲突。人们在现实生活中一般是以各种社会角色形象亮相的，在不同的社会情境中遵循不同的角色规范。由于没有统一的网络道德规范，也没有统一的网络角色要求，人们一般将现实角色的规范移用到网络中去，网络空间呈现出的虚拟生活和现实生活之间的巨大差距，使得这种角色转换出现混乱和无序。

网络伦理问题主要有网络道德观念、道德规范以及道德行为三方面的问题，最明显的是道德行为方面的问题。

网络道德观念方面存在的问题，表现为文化殖民主义对民族意识、国家认同意识的影响，信息霸权对信息自由精神的侵蚀，道德相对主义的盛行以及恶意信息导致主流道德观的降解等。

网络道德规范方面存在的问题，表现在道德规范的建立、实施、监督和评价过程的困难上面。

首先，网络道德规范的建立是有难度的。如何将原有的一些伦理规范移植到网络伦理中去，对此需要从“元哲学”或“元伦理学”方面加以阐释，这种理论解释的效度如何还需要实践的检验。一些公德的规范能否统领网络上的私德还难以一概而论，比如有人说，在人类的第二共存空间——因特网上，撒谎不再是个人私德方面的缺陷，而是一种时尚，是游戏规则的第一条。网络技术迅速发展带来众多问题，人们来不及对此加以理论剖析，“网络伦理的各种规范往往过于纠缠在具体细节中，使内容上缺乏普遍的价值标准。一些原先无关道德的问题现在在网络伦理研究中以道德问题的面目出现，从而削弱了其伦理意义”[①]。那么，是从理论出发进一步加以演绎还是从实践出发改造理论呢？改造过的理论是否还有理论上的说服力呢？

其次，网络道德规范的实施是有难度的。即使有的网络道德规范从理论上能实现逻辑自洽，但在实际操作中往往会出现意图和结果的差距。本意是

① 王志萍．网络伦理：虚拟与现实［J］．人文杂志，2000（3）．

好的规范并不代表实施结果的好，我们的本意是营造一个平等、自由的网络环境，但是平等和自由规范的实施有可能沦为技术上的强者独享特权的借口。

再次，网络道德规范监督和评价是有难度的。这既有道德规范本身的原因，也有网络的技术原因。从道德规范层面来说，道德规范是非强制性的，他律性的规范要想真正起作用还得内化为个人的道德良心，道德自律只能靠个人的内心信念来维系。即使现实社会有社会舆论和传统习惯的外在规约作用，但这一切在网上几乎失去原有的威力。从网络层面而言，其一从网络结构上看，因特网是一种离散结构，它既没有中心，也没有明确的国界或地区界限。人们的网际互动不受时间和空间的制约，因而现实社会中的那种因时制宜、因地制宜的管理往往会失效，熟人的目光监督在此也毫无用处；其二从信息传播方式上看，网络信息以数字编码的形式进行传播，所有的信息都转化成数字的终端显示，人在网上也是以“符号”形式在活动。况且好多网友是以“化名”这种“符号的符号”形式进行网际交友的，因而网络用户的行为很难监督。

最后，网络道德规范的评价是有难度的。道德评价一般是通过对行为的评估来转移到对施动者的评估，但在网上用户是以符号形式现身的，也许几人共用一个ID，也许一人同时或继时使用不同ID，这就使网络道德评价失去确定的对象。

网络道德行为方面存在的问题主要有以下几个方面。

第一，网际异化。“人—机—人”成为网络主要人际交往模式，交往方式是以符号为中介的间接交往，人与人之间的直接交流大大减少，由面对面的接触交往所建立的富有情感的、亲切友爱的关系将越来越淡化，人与人的社会交往被人对网络的依赖关系所取代。“随着社会文化环境的不同，有各式各样的符码，或者说设定资格与诠释的规则。信息具有表意的形式，可以用不同的意义来填充……如果发送者依他们自己的符码来组织电视影像，与支配性的意识形态吻合，而接收者却根据他们特有的文化符码来填充各种‘脱轨’（aberrant）的意义，其间的怀疑便会滋长。”[①]这势必会影响到人际

① ［美］曼纽尔·卡斯特．网络社会的崛起［M］．夏铸九，王志弘，等，译．北京：社会科学文献出版社，2001：415.

关系的真诚程度，导致网络人际关系出现情感疏远和道德冷漠现象。

第二，网络沉溺。美国佛罗里达大学的心理学家沙比拉通过研究归结出网络沉溺症的五种病征。这五个病征是：上网时间总超过计划时间；忽视其他责任；想减少上网时间但总是做不到；由于上网造成其他方面关系恶化；不上网时总感到魂不守舍或焦虑。总的来说，网络沉溺者分为五种情形：一是沉溺于网上交易，如网上购物、网上拍卖及在线赌博等；二是沉溺于网络关系，如以聊天室、虚拟游戏或网上新闻组中的朋友代替现实生活中的朋友或家人；三是沉溺于网上色情，如色情聊天室或色情网站；四是沉溺于网上信息，总是不停地在网上搜索信息或下载数据；五是沉溺于计算机，总想玩电子游戏，对计算机知识特别感兴趣，这种行为常见于男性与青少年。

第三，黑客横行。网络上黑客现象的类型有：利用网络散发影响社会稳定的言论；宣传色情淫秽内容；盗用他人账号上网，窃取科技、经济情报，进行经济犯罪；恶意攻击网络，致使公用网络瘫痪。黑客的行为既有“破”的一面，也有“立”的一面，只不过这种“立”在效果上更有颠覆意义。“他们可能一方面通过巧妙的歪曲和篡改大众传媒发布的信息来削弱和颠覆其权威性，另一方面则可能通过建立令当局难以管制和禁止的站点来发布各类被封锁的信息，从而突破政府的信息控制和舆论垄断。”①莱维（StevenLevy）曾总结黑客伦理的基本信条：其一，进入计算机应该是不受限制的和绝对的，总是服从于手指的命令。其二,一切信息都应该是免费的。其三，怀疑权威，促进分权。其四，应该以作为黑客的高超技术水平来评判黑客，而不是用什么正式组织的或者它们的不恰当的标准来判断。其五，任何一个人都能在计算机上创造艺术和美。其六，计算机能够使生活变得更美好。②

第四，认同危机。表现在自我认同方面会出现的身份危机，表现在他人认同方面会出现的诚信危机。其一，网络行为导致身份表征危机。曼纽尔·卡斯特曾说过：“我所谓的认同，是指社会行动者自我辨认和建构意

① 张震.信息时代伦理［M］.成都：四川人民出版社，2002：77.

② 严耕，陆俊.网络悖论［M］.长沙：国防科学技术出版社，1998：292.

义的过程，主要是奠基于既定的文化属性或一组属性上，而排除了其他更广泛的社会结构参照点。”[①] 身份的认同对于每一个网民来说都是非常重要的。有一句在网上非常流行的话很形象地道出了网络身份的混淆：“在网上没有人知道你是一条狗。”在现实生活中，人们一般是通过角色表征一定的社会身份，维持自身的身份认同，但网络改变了这种身份维持机制。网络对人际交往而言既是桥梁也是隔板，网上所有的身份建构都是我进行文字梳理的结果，我本身可以化名，可以扮演异性，可以改变性格，一切源于我表现得好像那么回事。角色转换的轻而易举使得用户分辨不清在线身份和离线身份的差异，身份认同发生重叠和错位。如用户长期玩网络杀戮游戏会使他对血腥场面产生莫名的兴奋感，从而失去同情心。其二，网络行为会导致诚信危机。“信任（或不信任）是一个行动者（agent）评估另外一个或一群行动者将会进行某一特定行动的主观概率水平，他的这种评估发生在他能监控（monitor）此特定行动之前（或者即使他能够监控此行动，也无法去监控），而且，这种评估在一定的情境下做出，并影响了行动者自己的行动。”[②] 对个人的信任与当面承诺相关，在其中（一定的活动范围之内）可以找出衡量他人之诚实程度的指标。当面承诺表征了对现实中共同在场的某个人的信任（trust），至于信任与否则对应于对他人当下情境中具体行为诚实性的评价和认可。当面承诺和非当面承诺的交汇口就是技术的界限之所在。当用户面对网络技术体系时，网络空间提供的没有约束的交际环境，会使得现实生活中的好好先生在网上大放厥词，窈窕淑女会变成满嘴脏话的泼妇；正直之士会变得虚伪卑下，正人君子会释放私欲。网络恰如一个打开了的潘多拉盒子，泥沙俱下。这一切使得他人难以将一个人和他的表现对应起来，如此人与人之间的信任关系很难建立起来，人际互动的长期往来很难健康地进行。

第五，信息垃圾。网上充斥了太多的信息垃圾，包括“滥”，商家滥发商业广告和垃圾邮件；“黄”，黄色网站比比皆是，色情服务太过猖獗。根据搜寻网站的统计，前三十名最受欢迎网站中约有十个是色情网站，

① ［美］曼纽尔·卡斯特．网络社会的崛起［M］．夏铸九，王志弘，等，译．北京：社会科学文献出版社，2001：26.

② 郑也夫．信任：合作关系的建立与破坏［M］．北京：中国城市出版社，2003：270.

网络中的色情网站每日以五百个以上的数量增长；“黑”，政治方面的恶意信息经常可见，意识形态的对立和攻击信息在网上比比皆是；“灰”，网上有些内容格调不高，用语粗俗、不规范，有些网站恶意炒作，网络空间中弥漫着一种颓废的灰色气氛；“假”，网上小道消息满天飞，谣言四起，时常有对他人进行诽谤的事发生。信息垃圾的出现与信息崇拜的负效应有着密切的联系。美国学者西奥多·罗斯扎克在《信息崇拜》一书中全面深入地揭示了信息崇拜的负效应。他在充分肯定计算机技术意义的基础上，提醒人们警惕“信息崇拜”的负效应。尽管人们并不了解信息对于他们有什么意义以及为什么需要这么多信息，却已经开始相信我们生活在信息时代，在这个时代中我们周围的每一台计算机都成为信仰时代救世主的标志了。对信息的滥用恰好从反面说明了人们对信息作用的崇拜和盲从。正如埃瑞克·戴维斯所说：“‘信息’承受了很大的压力——这个词的概念空间以及它的物质本身——它充满活力，给自己带上了神话、形而上学和神秘魔法的色彩。”“信息想象进入了社会实践，很多都沾了点预示世界末日大动乱的天启之火。新时代的人们（New Agers）用晶体作为个人电脑来储存和处理灵智，而不明飞行物的教堂和传播者将到来的信息转化为‘活信息’。”①

二、虚实世界的伦理互动

本文是从网络行为角度来论述的，网络行为是连接虚拟世界和现实世界的纽带。网络行动者可以是个体，也可以是群体（社群），他们各自遵循不同的道德规范。

（一）互动桥梁：网络行为

连接虚拟世界和现实世界的桥梁和中介是网络行为，网络行为是现实进行着的活动，但是又不同于现实世界中发生的一般社会行为。

① 埃瑞克·戴维斯．技术真知、魔法、记忆和信息天使［C］// 王逢孙．网络幽灵．天津：天津社会科学院出版社，2000：115.

1. 网络行为

网络发展的基础核心不是技术，甚至不是资金，而是用户。成为什么样的网络用户端看实际的网络行为，正如亚里士多德所说：“我们做公正的事情，才能成为公正的人；进行节制，才能成为节制的人；有勇敢的表现，才能成为勇敢的人。”[①] 通过网络行为，用户在不断塑造自己的形象，通常网络会产生三种人：第一种人会在网络上凸显其次要性格；第二种人会在网络上变成他希望成为的那种人；第三种人会在网络上变成他不可能成为的那种人。

马克斯·韦伯曾经提出过四种逻辑完全不同的活动形式：一是相对于目的的合理性活动，其目标在于有效性，并必须以讨论手段和目的之间的某种协调关系为前提；二是相对于价值的合理性活动，其要求价值哲学层面的东西对行为决定作用的绝对优先，而不管结果如何；三是情感行为，其由即时的意识形态、既定环境中个体的心情或情感的反应决定；四是传统活动，其由习惯、风俗和信仰支配，它遵从于在长期实践中扎根的反射。韦伯认为如果某种行为上升为活动的话，个体必须把它赋予某种主观意义。并且，这种活动是根据个体确立的意义，依靠他人行为形成的。根据这种活动标准，上述四种活动形式中只有前两种可以称得上是有意义的合理性活动，后两种是没有意义的非理性活动。[②]

哈贝马斯曾把人与人之间的社会行为分为以下四种类型：

其一，目的论行为（teleological action），这是行为者通过选择一定的有效手段，并以适当的方式运用这种手段，而实现某种目的的行为。目的性行为专注于某种既定目标与达到目标的手段间的联系。这种行为在不同场合又可扩张为带有功利主义色彩的“策略性行为”和“工具行为”。策略性行为至少以两个以上目标为指向的行为主体，他们之间都力图以某种方式影响对方的决策过程，从而使整个策略游戏的结果对自己有利。工

① ［古希腊］亚里士多德. 尼各马科伦理学［M］. 苗力田，译. 北京：中国社会科学出版社，1990：26.

② ［法］让·马克·夸克. 合法性与政治［M］. 佟心平，王远飞，译. 北京：中央编译出版社，2002：213–214.

具行为旨在影响一个客体。

其二，规范调节的行为（normatively regulated action），这是一种社会集团的成员以遵循共同的价值规范为取向的行为。“规范表达了在一种社会集团中所存在的相互意见一致的状况”，“遵循规范的中心概念，意味着满足一种普遍化的行动要求”。

其三，戏剧行为（dramaturgical action），这是一种行为者通过或多或少地表现自己的主观性，而在公众中形成一定的关于他本人的观点和印象的行为。这种行为“既不涉及孤立的行为者，也不涉及一种社会集团的成员，而是涉及相互构成自己公众的内部活动参与者”。

其四，交往行为（communicative action），它指的是“至少是两个以上的具有语言能力和行动能力”的主体之间通过符号协调的互动所达成的相互理解和一致的行为。解释（interpretation）与认同（agreement）成为理解交往行为的中心概念。①

网络行为是社会行为的一种，只不过是在现实空间中发生的，以符合电子空间的方式所进行的活动、运动或行动。没有一种网络行为可以脱离现实空间中的活动而独立存在。根据两人的行为划分，可将网络行为划分为网络工具行为、网络价值行为、网络角色行为和网络交往行为。

根据帕森斯的社会行动理论，网络行为的逻辑包括如下三个方面：一是网络行为是目标指引的（或有目的的）；二是网络行为发生在一种情境中，在该情境中有一些因素是既定的（行动条件），而另外一些因素则作为达到目的的手段被行为者所利用；三是网络行为要在目标和行动的选择方面进行规范性的调节。一个单位的网络行为的基本组成部分是目的、手段、条件和规范。行动的手段与条件之间的区别在于手段是行动者能够操纵的，而条件则是情境的某些方面，是行动者不能控制的。

为了行文的方便，本文主要围绕网络交往行为进行论述。网络交往行为具备了网络行为的一切基本因素。

---

① ［德］哈贝马斯．交往行动理论［M］．第一卷．洪佩郁，蔺青，译．重庆：重庆出版社，1994.

2. 网络交往行为

信息是社会联系的黏合剂，人们的相互交往是构成社会的基本前提，人们交往方式的变革也就必然造成社会的变革。交往不是某种静态的结构，而是动态建构着的相互作用，是现实的人的基本存在方式。德国哲学家哈贝马斯明确指出："交往行动首先是指，使参与者能毫无保留地在交往和意见一致的基础上，使个人行动计划合作化的一切内在活动。"[①]按此，所谓网络交往行为是指行为主体通过网络或在网络中借助符号互动达成共识的网络行为。

网络交往的结构因素包括：主体要素、中介要素、客体要素、规范要素。网络交往主体是指网络交往行为的发出者，包括网络个体和网络群体。网络交往的客体是指主体行为的受动者，包括他人和作为审视对象的自我。网络交往的中介是网络电子文本的书写。网络交往的规范是指为保证交往的顺利进行，主体须借助的行为规范，包括技术规范和道德规范。

美国学者马克·波斯特（Mark Poster）在《信息方式》中曾归纳总结出"网络交往"不同于"实际交往"的四大特点：一是它们引入了游戏身份的新的可能性；二是它们消除了性别提示，使人际交往无性别之差；三是它们动摇了业已存在的各种等级关系，并根据以前与它们不相干的标准重新确立了交往等级关系；四是它们分散了主体，使它在时间和空间上脱离了原位，这也是最为重要的一点。[②]

网络交往须具备三个条件：虚拟身份的可选择性、电子文本的互动性、社会语境的共同性。

（1）虚拟身份的可选择性。网络主体的身份是虚拟的，即以作为主体拟象的电子文本对主体进行仿真，或者说主体通过其书写的电子文本确立其网际身份。对此，马克·波斯特的评价是"在主客体的边界上书写"。他指出："对置身电子媒介交流中的主体而言，客体则倾向于变为能指流（the flow of signifiers）本身，而不会变成语言所表征的物质世界。"[③]"人类面对机器，其关

① 余灵灵 . 哈贝马斯传 [M]. 石家庄：河北人民出版社，1998：182.

② [美] 马克・波斯特 . 信息方式 [M]. 范静哗，译 . 北京：商务印书馆，2000：157.

③ [美] 马克・波斯特 . 信息方式 [M]. 范静哗，译 . 北京：商务印书馆，2000：15.

系像照镜子一样，令人焦虑：电脑作为机器以它的非物质性模仿着人类。电脑的这种镜像效果（mirror effect）使得书写主体双重化；人类在机器可怕的非物质性中认出了自己。”①

网络交往行为是符号交往行为，布卢认为：符号交往包括释意和定义两个方面，所谓释意就是弄清他人的行动和语言，而定义则是向他人说明自己将如何行动。b对网络用户来说，网上身份的流动性表现为在线身份的可随意变换性，它实际上是将离线身份特征加以解构然后又在网上进行随意的文字组合的结果。我们看到主体所拥有的资源，有的在网上能显示出来，有的被隐藏了。在线身份与离线身份的特征既有重叠也有背离，二者之间必然具有一定的弹性。现实空间交往一般是面对面进行的，一些外在的身体特征比如相貌、语音、气质等对于交往有着不可小觑的影响，而在网上这一切物理特征变得无足轻重，主体的电子书写能力变得更为重要。在线身份特征的建立是主体有意识选择的结果，至于效果如何在很大程度上取决于主体的书写能力的发挥程度。比如在论坛中，能制造和控制话题，并且发言质量高的人，自然会汇集一批追随者，成为大家公认的意见领袖，尽管这种人在现实生活中或许是唯唯诺诺的谨小慎微之士。在聊天室中，打字速度远较嗓音重要，磁性的带穿透力的嗓音失去了原有的交际效应。

网络容许在线身份和离线身份之间的差距，并且它也不能消除这种差距。现实中的种族、性别和残障等身份要素并不会因为网络的屏蔽而消失，但是它仍然会对在线身份的建构起到无形的心理影响。网络交往是通过电子文本对话进行的，对文本的解读需要时间的磨合才能大体上揣摩对方的风格和个性，解读者脑子里不断进行着对各种已有印象的翻译，并将其与现实的某种类型的人一一对应，但是这种对应往往会发生错位。如网上很多人喜欢角色扮演游戏，男性扮演女性，女性则扮演男性，从中获得性别倒置的快感。所谓扮演就是不同内容的文字书写，通过文字形式来使自己符合传统的社会性别认同。假使有一位女士以男性的口吻说话，

① ［美］马克·波斯特．信息方式［M］．范静哗，译．北京：商务印书馆，2000：151.

② ［美］刘易斯·A. 科瑟．社会学思想名家［M］．石人，译．北京：中国社会科学出版社，1990：369.

网友们会怀疑她的女性身份——这不是他们所认同的女性。同样，一位男性以女性的口吻说话，男性网友们会对其大献殷勤。一般来说网友不会对此太过在意，但是一旦发生网恋，情况就不同了，尽管可能是两个男人在恋爱，但那位扮演女性的男士只要不想结束这种关系，他就得继续伪装下去，直到游戏被拆穿为止。可见，人们对真实的追求永远是第一位的，尽管由于网络的虚拟性不得已才退而求其次，但也要求尽量真实。

（2）电子文本的互动性。人是通过谈话（speech）或行为来表达自我的，人在单纯的存在中是无法显现出自己的唯一性的，只有通过行为人才能够显现出自己的唯一性，但是这种显现只有通过行为所产生的故事（story）才能得到实现，这种行为本身实际上只有行为的目击者才有记忆可言，行为一旦发生就成为过去式了。行为本性上是一个短暂的过程，其后果带有天然的“脆弱性”（frailty），且后果也不可能被流传下去，此之谓“空虚”。人所对抗和补救这种空虚的方式还是行为，不过是一种编写故事并记录下来的活动。[①]网络人际交往就是通过电子书写故事的过程。

在网络上每个人的形象都是符号化的，以符号形式进行互动，具体来说就是通过电子书写来完成形象的塑造。从上网伊始，网民首先需要注册，然后才能登录。注册信息包括名称、密码、联系方式以及爱好描述等，只有通过电子书写输入相关信息才能注册，尔后才可以进入邮箱或各种论坛，才可以在网络上占据一席之地。尽管这些信息能反映出用户的一些个人信息，但在这里注重的是用户的书写能力，信息的真假倒不在关注范围，没人强求这些信息的真实性如何，反正每个人的形象就是他所输入的电子信息。为了更容易加入某个论坛，用户可能会用语言把自己描绘成论坛喜欢的类型，越是把自己装扮得个性鲜明，就越有可能被论坛所接纳。网络用户的期待视野（或者叫前理解）会将其纳入它所代表的那一类型的意义系统中进行文本理解，当期待视野和文本理解最终达到相当的一致时，用户会获得解读的满足。其实，整个网络空间就是每个用户通过展示自己的虚拟身份而建立起来的。

---

① ［日］川崎修. 阿伦特：公共性的复权［M］. 斯日，译. 石家庄：河北教育出版社，2002：253–254.

当网民透过网络来面对过滤和折射后的世界时，网络对他而言是视窗（window）和电子文本，网络既扫除了人际之间的障碍，同时也竖起了人与世界遮蔽的帷幕，每个网民所面对的其实有两个他者：一个是相对于我而言的他/她（他们/她们），另一个是相对于主体我而言的客体的自我。一个是在机器背后（相对于我而言），另一个是在机器面前（相对于他而言）以电子书写的文本向我呈现的他的本相，我对他人的了解其实就是在众多链接中将各种超文本筛选、集中乃至辨别的过程，那个他者的形象就站立在我所梳理的文字的背后，尽管我所面对的是一个个真实的个体，但是呈现给我的只能是一个个虚拟的实体，并且这个实体是经过我的理解而塑造的，仿佛我就是那个塑人成型的现代皮格马利翁。简言之，我的理解就是一个翻译过程。但是任何一个转译过程既是一个逐渐逼真的过程，也是一个逐渐失真的过程，真实与虚幻、虚幻与虚幻同时交织在一起，共同参与了对他者的建构和解构。似乎已经理解了他人，但是又好像无从把握整体，因为我理解的只是想象的形象，但是形象只是形象，并不等于实体。这时的他者更像是碎片的集合和拼凑，这些碎片也许是真实的，也许是想象的，最终他者在经过网络棱镜的折射后，被分散成一束束的复合光谱。

（3）社会语境的共同性。网络交往需要一定的社会语境，交往行为双方要有共同的规定和背景。在传统人际交往中要求人们有共同的语言背景、文化背景、生活经历背景等作为“共同的规定”。交往的行动是导向社会主体间相互理解的行动。相互理解使不同人的不同计划和行动同相互作用协调起来。相互理解的行动以达成意见共识为目标。这种理解以其合理性为基础，另一方表示同意就代表了理解行动的完成。这里存在一种语言模式，它至少是两方，一方进行建言，另一方表示纳言。在此理解行为是语言行为，理解过程是语言过程，是交谈、是对话。语言被看作一种行动，语言环境被看作属于生活世界的一种环境。这样，人们之间的交往关系、道德伦理关系就被意译为语言关系，被意译为语言中的人称格局，而理想的道德伦理关系也被表述为理想的语言环境。[①]

哈贝马斯认为商谈或交谈涉及三个方面：第一，这种语言过程关乎

① 薛华.哈贝马斯的商谈伦理学［M］.沈阳：辽宁教育出版社，1988：34.

谈话参加者的外在自然世界状况；第二，这种语言关乎交互主体关系，关乎社会世界；第三，谈话者表述自己的内心活动，从而关乎主观世界。哈贝马斯把这三方面也称为言谈的真理性、正确性和真诚性，它们贯穿于交谈过程中，同时制约着交谈过程，决定着交谈的成败。通过语言使有关的人理解，从而互相理解，达于道德意识和伦理世界。①

网络交往主体的语言背景、文化背景、生活经历背景在网络中都通过言语交谈的形式表现出来。人们在交往行为中的表现可以分成两部分：一部分是行为个体相对容易控制的表达，包括各种语言符号或它们的替代物，这是明显的表达，即给予的(give)；另一部分是行为个体似乎不经意或未加控制的流露，它包含在广泛的行动之中，是隐含的意义。后一部分的内容在网上无意间被轻轻抹掉，只剩下语言的表达和对流。网络语言不等同于现实生活中的那种没有任何回应的单向传输性的命令语言，而是一种基于双向甚至多向传输的互动语言；在网络中，语言的作用远远大于人的作用，不是人控制语言，而是人反被语言所控制；不是"我在说话"，而是"话在说我"。尽管进出一些学术论坛形式上很容易，但是假如没有相应的学术水准就无法进行对等的交流，即使勉强发言也会因无人响应而很快销声匿迹。语言体现出来的"知识鸿沟"在短时间内无法迅速弥补，所以语言交流的区域化现象十分严重。"网络的功能，并不是像许多人喜欢宣称的那样会孕育社群，恰恰相反，它会促成更为狭窄的微型文化的诞生……尽管网络允许人们拥有极为多样化的信息浏览经历，最终结果却仍是一种极度的区位化——冲浪者多半在他们个人兴趣范围内搜索，并得到与此相关的非常具体的信息，而与他们进行电子交往的人也多半是志趣相投者。"②

3．网络交往的类型

网络交往根据主体的不同互动情况，可以分为三种类型，即个人对个人、个人对多人、多人对多人的网络交往。

---

① 薛华．哈贝马斯的商谈伦理学［M］．沈阳：辽宁教育出版社，1988：32-33.

② ［美］戴维·申克．信息烟尘：在信息爆炸中生存［M］．黄锫坚，朱付元，何芷江，译．南昌：江西教育出版社，2001：122-123.

（1）个人对个人的网络交往。这是一种使用网络的个人与个人之间所达成的一对一的信息传递和交流的方式。计算机将所有的人都联结起来，但事实上将所有人又都变成了陌生人，人失去了定义，变成了抽象的你和我。比如ICQ（即时通讯软件）、电子邮件等网络工具的出现为我们在网上开展“一对一”的深入交往提供了技术条件。网上一对一的交流比现实生活中对时间和空间的要求低，可以摆脱面对面交流的心理压力，交流的文字形式也便于进行深入的思想交流。网络的个人一对一交流往往是通过一个活动满足几种需要，首先，表现为多种交流功能的叠加。比如，电子邮件的基本功能是交流思想、沟通情感，同时还可以传输文件、查阅信息等；其次，交往更具个性化。一对一交往能表现个体的基本风貌，交往更加生动活泼、随意无拘；最后，交往效率高、成本低。用户信息可以瞬间到达，可以同时传递大量信息，不受时间限制。

（2）个人对多人的网络交往。借助于网络技术手段，人们交往的广度被大大地扩展了，交往的成本被大大降低了，这使得个人有条件采用非同步的手段，采取一对多的方式在互联网上进行交往。个人与多人之间的互动在网络上可以采取公开和秘密两种形式，区别就在于是否允许局外人或网络潜伏者（Lurker）在场。当进入网络新闻讨论组和聊天室这样的“群体聚集”场所时，用户列表显示有许多参与者同时在场。大部分情况下，只有几个人在侃侃而谈，其余的人在一边不声不响地倾听或监视着谈话的内容和进程，一旦遇到感兴趣的话题立刻就插话，使得谈话进程会随时被干扰或打断。

（3）多人对多人的网络交往。网络中还存在着多人与多人之间的信息交流活动，它是网络“多对多”传播方式的具体呈现，这种互动有时是共时的，有时是历时的，实际上是个人对个人和个人对多人交往的糅合。比如网络游戏就是多人对多人交往方式的典型，网络游戏创造了共同的虚拟环境，包括空间的共感（置身于同一场景内）、在场的共感（彼此能感知对方的参与）、时间的共感（以实时方式互动）、沟通的方法（多种互动渠道）、共享的方法（可与之产生互动的动态场景）。[①]

① 徐海锋.基于WTK的分布式虚拟环境网络通信机制研究[J].现代电子技术，2007(14).

这五个基本特征所强调的是不同个体之间的共感（shared sense）与交往（communication）。在共时性上，多个人可以同时进行一套有方向、有变化、有竞争的游戏；在历时性上，多个人可以共同推动游戏剧情的发展。

（二）互动主体：自我与社群

美国网络社会学家莱恩格尔德说："网络最终所带来的社会变化并不是建立一个信息市场，而在于形成长久的个体关系和群体关系。"[①] 网络行为的施动者是网络主体，主要是网络个体和网络群体，或者说是网络自我和网络他者，二者之间的互动形成了网络伦理行为的关联。

网络行为的发出者可以是个体，也可以是群体和社会（它们都是群集意义上的个体），社会行为是行为者的互动（interaction）过程，互动涉及两方面的角色，即自我和他人。[②]他人又有你与他/她之分，且各有单数和复数，具体说来则有我和你/你们的关系以及我和他/她或他们/她们的关系。"可以说个人的出现是近代社会最重要的产物，自此以后，人类活动的视角开始从'我们'（we或者us）转变成了'我'（I或者me）。"[③]

1. 网络自我

尼葛洛庞帝说："在数字化生存中，我就是我，而不是统计子集。'我'包括了并非统计意义上的信息和事件。"[④]自我在现实生活中的展开或实现就是具体的个人，网络中活跃着的行为主体就是以自我面目出现的网络个体。网络提供的虚拟世界是我们表现自我的另一个舞台，在这里我们的真实自我会一直和虚拟自我交互作用，所以这种转化是确实而且忠于自我的。[⑤]

---

① 刘华芹. 天涯虚拟社区：互联网上基于文本的社会互动研究［M］. 北京：民族出版社，2005：2.

② 在此，个体是和群体相对的，自我和他人是相对的，本文将个人等同于自我，将他人等同于群体。尽管这种等同还有一定的理论差距。

③ ［法］塞奇·莫斯科维奇. 群氓的时代［M］. 许列民，薛丹云，李继红，译. 南京：江苏人民出版社，2003：16.

④ ［美］尼葛洛庞帝. 数字化生存［M］. 胡泳，范海燕，译. 海口：海南出版社，2000：192.

⑤ ［美］克丽欧·欧德萨. 虚拟性爱［M］. 张玉芬，译. 台北：新新闻文化出版社，1998.

马克思曾说过："如果我根本不存在，我又怎么能有德行呢?"[①]所以，只有自我才是道德主体。詹姆士区分出了主体的我（I）和客体的我（me），主体的我是一种能动的工作于个体内部、负担起组织管理责任以获得自身最大成就的功能，而客体的我则是自我知识的总和，是产生自我概念的基础。詹姆士认为自我概念可以区分为四个子自我概念：身体的、社会的、精神的和纯自我概念。[②]美国社会学家米德认为，自我不是一个实体，而是从社会交往行为中获得的功能—结构。这个结构包括"主我"（the "I"）与"客我"（the "me"）两个方面。所谓主我就是个体对所接受的社会态度作出的反应；所谓客我就是个体所采取的社会态度，是个体所在共同体的价值观念、道德规范的内化。[③]主我和客我之间保持一定的理论弹性和对应空间，主我的自由应不过分逾越客我背后的群体价值，客我蕴含的群体权力制约应以不过于压制主我的创造性为原则。

网络界面上呈现的网络自我形象建构是通过电子书写来完成的，开放的自我的网络不断丰富了自身的内涵，促成了多重自我的产生。赫伯特·马尔库塞曾经提出"单面人"概念，那是在现代工业化文明中被物质欲望所支配的、异化的人。王朝晖在《"多面人"——时代变迁中的受众》一文中提出了"多面人"的概念，指的是在各种传统的、现实的环境因素，以及环境因素内化的心理因素的作用下，具有多重接受心理和行为特征的受众形象。[④]网络"已经成为把自己作为一个多维分布的主体来对待、把自己想象成一个多重角色的社会主体并进行一种全面实践，也能创造新的全能自我的有力工具"[⑤]。在网络虚拟环境中，行动者交相扮演发言者、受言者和在场者的交往角色。与此相应的是，第一人称和第二人称采用参与者视野，第三人称采用旁观者视野。

人们对网络身份及多重自我身份的创造主要来自行为主体的想象，并通过文本解读加以实现，且往往是和他者连在一起的，"电脑用户伸出

① 马克思.1844年经济学哲学手稿［M］. 刘丕坤，译. 北京：人民出版社，1985：94.
② 曾向，黄希庭. 国外关于身体自我的研究［J］. 心理学动态，2001（1）.
③ ［美］米德. 心灵、自我与社会［M］. 霍桂桓，译. 北京：华夏出版社，1999.
④ 王朝晖."多面人"：时代变迁中的受众［J］. 国际新闻界，2001（4）：64.
⑤ 陆俊. 重建巴比塔［M］. 北京：北京出版社，1999：131.

自己的双手敲击键盘与电脑进行真正意义上的'交往'，人与电脑相互挑战，并各自做出应战，双方在被索取、在向对方敞开的同时，也让对方向自己敞开"[①]。文本在抽象对象的互动中，既存在交往者自我的想象并对他人(other)开放，又传达他人的想象让我知晓。

网络自我不仅是可以解释的，而且必须由别人来解释。自我以不同的方式与他者相互联系在一起，对自我的任何解释都是对他人群体解释的一部分。雅斯贝尔斯说："我只有在与别人的交往中才存在着。"[②]也就是说，自我的形成离不开他者的存在，他者的集合就是网络群体。不同的自我对应着不同的他者，"认知空间的客体是我们与之共存（live with）的他者。道德空间的客体是我们为之存在（live for）的他者"[③]。麦金太尔认为，我们所处的全部环境使得我们成为特定的社会角色的承担者。我的"善"取决于我所担当的角色，我的现实生活始终植根于我赖以获得认同的那些社群的生活。[④]所以从根本上说，网络自我的本质是网络社群的属性。

2．网络社群[⑤]

人是充满可能性的社会动物，可能性表明人是一种能在（can be），即人既可以是，又能够是某种什么。社会性表明人还是一种共在（to be together），即人共同生活、共同追求、共同表达等。人是通过实践活动实现自己的能在和共在的，活动是处于他人之中的。"活动，是唯一的不通过物或物质的介入而直接在人与人之间发生的活动力。它与复数性这种人的条件，即在地球上生存的不是单个的人而是复数的人这个事实相对应。"[⑥]

德国社会学家斐迪南·腾尼斯（Ferdinand Tonnies）第一次系统论述

① 吴伯凡．孤独的狂欢：数字时代的交往［M］．北京：中国人民大学出版社，1998：170.

② 王建明．人类中心主义之我见［J］．哲学研究，1995（1）.

③［英］齐格蒙特·鲍曼．后现代伦理学［M］．张成岗，译．南京：江苏人民出版社，2003：195.

④ 俞可平．社群主义［M］．北京：中国社会科学出版社，1998：50.

⑤ 英语"Community"一词目前有三种译法，一是社区，二是社群，三是共同体。社群比社区更有个体集合的色彩，比群体更有凝聚力。本文中对社群和群体实现了概念置换，从人员构成意义上讲，置换是行得通的。

⑥［日］川崎修．阿伦特：公共性的复权［M］．斯日，译．石家庄：河北教育出版社，2002：252.

了社群，他认为社群的类型主要是在建立在自然基础之上的群体（家庭、宗族）里实现的，社群是建立在有关人员的本能的中意、习惯制约的适应或者思想有关的共同记忆之上的，它们不仅是各个组成部分加起来的总和，而且是有机地浑然生长在一起的整体，其主要标志是人们的出身、地位、习惯和认同。①20世纪初英国社会学家麦基弗指出，社群必须建立在成员共同利益的基础之上，社群的主要特征是共同善或公共利益。桑德尔认为社群的主要特征就是参与者拥有一种共同的认同。有三种不同性质的社群：工具意义上的社群、感情意义上的社群和构成意义上的社群。自我与他人构成的社群，同时也成为构成自我的基本要素。丹尼尔·贝尔则提出了另外三种社群类型：其一是地域性的社群（也就是社区），其主要特征就是以个人生活的区域为核心，呈放射状。其二是记忆性的社群，它的主要特征就是拥有共同的悠久历史，包括道德传统。其三是心理性的社群，指的是由于参加共同的活动而形成的共同的心理体验，并追求共同的目标的一群人，其行为的准则是社群的公共利益。②

网络社群是网络个体汇集的结果。“互联网络用户构成的社群（原文译作社区。——笔者按）将成为日常生活的主流，其人口结构将越来越接近世界本身的人口结构……网络真正的价值越来越和信息无关，而和社群相关。”③探讨网络社群成型的原因应从两方面看：一是个人角度，个人加入网络社群的内在动力是什么？二是群体角度，网络社群能为个人提供何种个人所不具备的东西？当然在分析的时候可以将两者合而为一。网络个体加入社群的动力有：声誉机制、互助组织、情感互动、利益分享（寻求注重内涵的交往、建构新的社会网络、确立网际社会地位和形成网络亚文化群体）。

首先，网络社群提供了声誉机制。网络主体的电子书写使得身份展示只靠文字水平作为标记，在现实生活中郁郁不得志的人可以在网上大展拳脚，充分利用自己的文字功底为自己在网络社群中谋得较高的位置。其

① ［德］斐迪南·腾尼斯．共同体与社会［M］．林容远，译．北京：商务印书馆，1999：2–3.
② 俞可平．社群主义［M］．北京：中国社会科学出版社，1998：58–67.
③ ［美］尼葛洛庞帝．数字化生存［M］．胡泳，范海燕，译．海口：海南出版社，1997：213.

次，网络社群提供了互助组织。网络可以重构人们之间的交际纽带，为有关人员的求助信息起到很好的传递作用。个体可在网上搜寻自己需要的信息，也可以发出求助信息，很快就会得到回应。再次，网络社群提供了情感满足。个体在网络社群中可以找到志同道合的朋友，比如在聊天室中你可以对自己欣赏的人倾诉心中的苦闷。“个体从共同体的幻觉中理解的东西，是一纸确定性、可靠性和安全感的保证。而当他们在孤军奋战并只能依赖私人可支配的稀缺资源时，他们自己又不能提供这三种资源。”①最后，网络社群提供了利益分享的资格。能获得成员资格就意味着作为社群成员能相互获益，首要的利益就是社群提供的各种福利。社群对成员资格的分配仅限于外部的陌生人，因为社群中的人已经获得了这种资格。是否以及怎样分配成员资格取决于我们与陌生人的关系。一旦陌生人获得了成员资格，实际上就意味着他拥有了和我们一样的只有成员才能得到的各种权利与利益。只有利益的分享才可保证成员对社群的忠诚。

网络社群吸纳成员的机制包括两个方面：确定和排除。当网络社群确定与待加入的个体理念相近时，就会接纳他成为成员；反之，则排斥之。当网络个体在BBS发言不遵守规则，版主就可以论坛的名义将他的帖子删除，甚至将他驱逐出论坛。当然，被逐者可以换个名字卷土重来，也可以另投他处。“脱离的过程是双向的，因为被排除者也拒绝了结构支配与社会排斥的单向的逻辑。”②由于网络社群的确定排除机制，使得社群成员之间的形象交往呈现“类群分化”的趋势，具有相同书写风格和阅读方式的人往往会聚集在同一个议题下进行交流，“这些共同性共同组成网络区域模块当中的‘风格’。风格的形成使得分化、动态的网络格局当中出现另外一种‘伴生物’，也就是‘虚拟社群’和‘虚拟群聚模块’，这些类似的团体演绎着分化格局当中的悖论式的主题：相似性、聚合性、解释性”③。

① [英]齐格蒙特·鲍曼.共同体[M].欧阳景根，译.南京：江苏人民出版社，2003：88.

② [美]曼纽尔·卡斯特.网络社会的崛起[M].夏铸九，王志弘，等，译.北京：社会科学文献出版社，2001：29.

③ 周雷.“信息乌托邦”抑或“公共领域”：论虚拟信息交往对“公共领域”构建的影响[EB/OL].http://hukuiz.blogchina.com/32459.html. 2004-05-29.

三、网络空间的伦理建构

网络空间作为现实空间的虚拟形式，其内容与现实空间存在很大的相似之处，它的存在必须仰赖人类的交往活动，否则，这一虚拟形式将不会有任何意义。而凡是有人类活动的地方，则必须有伦理道德来保障这一人类社群行为的规范化和有序性，网络空间中的人类活动自然也不能例外。

（一）从失范走向规范

网络行为尤其是网络交往行为既带来了人类社会伦理关系的建设性发展，同时也引致了严峻的道德失范行为和现象。

失范意味着现代社会相互共存的集体人格和个体人格之间发生了龃龉，自我意识已经完全偏离了集体意识的轨迹，冲破了社会整合的最后一道防线，使社会陷入了道德真空状态（the moral vacuum）。卢克斯认为，利己主义和失范现象是社会缺席和社会目标匮乏的结果，失范本身并没有自己的社会目标。道德失范是一种典型的失范现象。社会学家杜尔凯将道德失范解释为“道德失范是一种社会规范缺乏、含混或者社会规范变化多端以致不能成为为社会成员提供指导的社会情境”①。

发生在网络空间中的失范行为，可以概括为三类：一是违背现实道德规范但又缺乏网络道德规范的行为；二是违背现有道德规范但不知道是否违背网络道德规范的行为；三是严重违反网络道德规范的行为。网络空间中严重的行为失范问题给人类社会带来巨大的信息震荡，破坏了网络空间的整体生态秩序，打乱了人们的正常生活，损害了人们的身心健康，带来人与人之间的信任危机。

造成网络空间失范行为的原因大体有三个：一是规范的缺失。网络行为是以网络为中介、以规范为依据的主体行为。建立在现实社会中的道德规范由于不适应网络运行的新环境而形同虚设，新的道德规范还没有真正建立起来，网络空间和现实空间的脱节形成了道德的真空，大量网上行

① ［美］杰克·D. 道格拉斯，等. 越轨社会学［M］. 王海霞，等，译. 石家庄：河北人民出版社，1987：53.

为既不受旧道德规范的制约，又没有新的道德规范给予约束。规范的缺失意味着主体行为约束力的丧失。二是技术的缺陷。网络采用离散结构，不设置拥有最高权力的中央控制设备或机构，失去权威的保障就意味着网络社群凝聚力的涣散。三是人性的弱点。依据弗洛伊德的人格理论，人格大致可分为超我、自我和本我三重。自我处于人格层次的中间，它调节着超我现实原则与本我快乐原则的冲突，本我追求的是自身欲望的满足，但在现实生活中本我往往受到人类道德规范的压制。网络恰好提供了本我释放的空间，将人性的弱点放大。

德国学者恩格尔曾分析了技术、法律、民族国家和市场机制等方面在解决网络失范问题时所面临的理论困境。① 网络技术的发展所带来的问题不能仅靠技术来解决，正如汤因比指出的，要对付力量所带来的邪恶结果，需要的不是智力行为，而是伦理行为。市场机制本身并不能保证网络用户的合理化行为。法律反应性的本质使之对网络问题的解决存在着时间上的滞后性以及效力范围的局限性。“我们的主要目的是帮助人们思考什么是‘正当的’行为，而这一点份额超出了法律的范围，尤其是当法律解释不当或滞后于技术发展的步伐时更是如此。”② 网络伦理对解决网络问题会起到自己独特的作用，正如但丁所说，道德常常能填补智慧的缺陷，而智慧却永远填补不了道德的缺陷。

网络伦理作为规范体系不是现成的，它需要我们去努力地建构。网络规范的建构具体来说须有以下3个条件：

1．网际共在是网络道德规范得以产生的前提

实际上，人总是在社会关系中与他人共在，维护人的共在就需要建立规范。人在社会生活中进行意志自由的活动，难免会发生意志取向的碰撞，影响社会群体的整合功能。所以人不仅为自然立法，也要为自身立法，通过建立规范去为自由行为设界，协调和评判人们的行为冲突。没有规范是无法保证最终的自由的，尽管从表面上来看规范是对自由的约束。

---

① ［美］恩格尔．对因特网内容的控制［J］．国外社会科学，1997（6）．

② ［美］理查德·A. 斯皮内洛．世纪道德：信息技术的伦理方面［M］．刘钢，译．北京：中央编译出版社，1999：22.

自由行为本身就设定了限制自身的逻辑，但是完全的不自由不会有规范的要求，因为不需要；绝对自由也不会产生规范，因为无法达成共识。

网络空间是网民交往形成的空间，网民之间的人际互动构成了网际共在的环境。网络空间为网民自由展现自己的个性提供了数字平台，但这些自由往往会成为相互的制约。比如黑客随意进入别人电脑的自由就会妨碍机主相应的自由，动辄以电脑病毒攻击网络的自由也会给用户带来极大的不自由。为保证网络空间的秩序，需要有网络道德规范去约束用户的网络行为。

2．网络共识是网络道德规范得以存在的根据

规范要想得到真正的遵照和执行，首先需要群体成员的认同。“真”和“好”之间是有区别的，能够认识到一件事物并不意味着会赞同它。在认识标准确定的前提下，人们很容易得出结论、达成共识。但在价值标准没有确定的情况下，人们就不容易达成共识。

达成道德共识应从两方面入手：一是自我角度，即自律角度；二是他人角度，即他律角度。前者是从自我到他人，采用推己及人的外推路径。后者是从他人到自我，采用规范认同的内化路径。哈贝马斯的商谈伦理学认为在面临道德争论与冲突时，一切有关的人在实践商谈中通过他们普遍承认的规范，会达到他们普遍接受和同意的结局。道德讨论与争论以普遍有效性和非党派性为原则、进程和目标。①

在网络空间中的每位用户都要面临网络技术所暗示的事实知识，以及网络行为所寄寓的道德规范，如何将事实知识转化为道德规范是一件难事。在网络空间中的各种网络社群中，由于兴趣和需要的大致相同，群体的道德共识较易达成一致，形成相互认同的道德规范。有的人由于兴趣和需要的不同可能隶属于不同的网络社群，他就会认同多个不尽相同的道德规范。道德规范认同的难度随着社群规模的扩大而呈上升趋势，作为群体意见最大公约数的共识会随着意见的分歧而很难达成。当然，网络社群会利用自身的运行机制吸纳与自己意见相类的个体，以增加达成共识的力量，也会排斥与自己意见相左的个体，以减小共识的形成难度。

① 薛华．哈贝马斯的商谈伦理学［M］．沈阳：辽宁教育出版社，1988：7.

3. 网络权威是网络道德规范得以实现的保障

网络能够实现电子民主，但是过度的民主反而不利于意见共识的达成，尤其是在大的网络社群中，无休止的网络民主辩论往往使议题不了了之。充分的民主还需要适当的集中，所以网络权威和网络民主是不矛盾的。恩格斯说过："联合活动、互相依赖的工作过程的复杂化，正在取代各个人的独立活动。但是，联合活动就是组织起来，而没有权威能够组织起来吗？"[①]网络社群的组织性越强，则权威的合理性和有效性就越明显。不少网络论坛就设立了大大小小的版主，每个板块都需要版主维持秩序、组织议题。网络权威利用自身的威望可使网络共识尽快达成，相应道德规范尽快建立，更重要的是他可以随时随地监督网络规范的实施情况，并根据具体使用情况的反馈随时调整，以更好地维护网络空间秩序，做好把关人的角色。

（二）自由诉求责任

道德具有价值意义上的二重性，道德既是目的又是手段，伦理学是道义论和目的论的统一。道义论和目的论的平衡发展，是网络伦理得以顺利建构的基本要求。通过二者的结合最终实现网络自由行为的责任伦理。

道德哲学理论有两个基本派别：目的论和道义论。目的论以功利主义为代表，主张一个道德行为的动机或评价一个道德行为的标准最终可以归结为一个目的；道义论以康德为代表，认为一个道德行为的动机或评价一个道德行为的标准在道德之内，为道德而道德。

所谓道德目的论的思维路向，是指根据行为目的实现（结果）的好坏及其程度来解释行为道德性质（善与恶）的思维向度。其特点是：把个性或群体之需要和利益的实现（即行为的实现结果）作为判定行为"善"的根据；注重行为与目的的关联或行为的结果，而忽视行为的动机、过程和方式，具有强烈经验论和道德实在论的倾向；注重个体或群体利益的实现（善），忽视利益的平衡和行为方式的正当性；注重行为的实质合理性，忽视行为的形式合理性。功利主义是目的论中最具影响力的理论派别，其基本原则是增进最大多数人的最大幸福。

① 马克思，恩格斯．马克思恩格斯全集［M］．第2卷．北京：人民出版社，1972：551–552.

在网络伦理问题的解释上，道德目的论思维路向的优势是：可以根据以集体幸福或个体幸福为善的基本理念，对网络行为作出道德合理性的解释。其不足之处主要在于：不能为网络个体和网络群体的网络行为方式的选择提供道德合法性的解释；不能解释和提供网络行为的伦理规则，因而也不能为网络行为提供正确的引导和规范。

道义论的思维路向，是指根据道义规则来解释行为正当与否，并以正当作为核心伦理理念来解释道德现象的伦理学思维向度。相对道德目的论而言，道义论的主要特点是：把道义规则作为行为正当性的道德考量标准，重视行为的规范性；它对规范有效性的寻求是普遍主义的和绝对义务论的；它对规范的普遍性的寻求，使其具有形式主义的特质；它在道德评价上重视的是行为动机的纯洁与否，完全反对一切从功利结果上去考量的倾向。

在网络伦理问题的解释上，道义论思维路向的优势在于，它不仅能为网络个体和网络群体制定网络行为规范道德合法性或正义性的解释，而且能为他们的网络行为提供正当性的依据和规范指导，从而有利于网络行为走向正当性和合法性的规范化轨道。其不足之处主要在于：它不仅不能为网络群体限制个体的网络行为提供伦理解释和道德支持，反而以维护个人的伦理权利为由对网络社群的正当干预提出批评，从而有可能增加个体对社群的离心倾向；由于道义论注重道义原则，并强调道义原则的绝对性和普遍有效性，因而容易走向排斥实质合理性的形式主义，走向排斥网络生态多样化的不宽容主义，从而阻碍网络社会的健康顺利发展。[①]

无论是目的论还是道义论的伦理考量，其实质都是针对网络行为而言的。真正的出自本意的网络行为的基本要求是自由，但是这种自由必须要导向责任伦理，也只有自由才可担当责任之实。

伯林把自由分为两种：消极的自由和积极的自由。消极的自由或否定的自由所面临的问题是：“在什么限度内，一个人或一群人可以允许做他能做的事情，成为他能成为的角色而不受别人的干涉？”换言之，所谓消极的自由就是把自由解释为个人对个人以外的干涉力量持否定态度，在个人与国家、社会之间划定一个清楚明白的界线，为个人保留一个国家或

① 肖君华.解析现代生育伦理问题的方法论原则［N］.光明日报，2004-04-13.

社会力量绝对不允许进入、不允许干涉的“私人领地”。对行动的限制主要来自能力，而不是社会。具体而言，不侵害别人是自由的第一个限制。由不侵害别人进而发展到不侵害由无数的个人组成的社会，即公共安全，这是第二种限制。积极的自由所面临的问题是：“什么东西或什么人有权控制、干涉，从而决定某人应该去做某事、成为某种人，而不应该做另一种、成为另外一种人?”积极的自由的本质是控制和驾驭，重心在控制、统治。持积极自由的人对生活持进攻性、进取性、干预性的态度。积极自由会导致自由的失落：第一，积极自由从自我的强制发展为社会的强制；第二，积极自由从理性的一律发展到强迫的一律；第三，积极自由从合理的自律发展到合理的压制。①

英国社会学家鲍曼认为“自由”是一种“社会关系”，只有两个人以上时，才能呈现的一种社会关系，而自由本身在这种社会关系当中，又表现为一种“特权”，拥有自由者即拥有较多的权利。监视者相对于受监视者而言是自由的；而受管制者永远无法按照自己的意愿去行动，最后意志逐渐消沉“成为没有能力成为自由的人”，相对于监视者，他是不自由的。如此，自由确实是一种社会关系，一种不对称的社会关系，或者一种不对称的权力关系。②

网络是一个自由的世界，那是没有中心、没有边际、没有开始、没有结束的世界；也是一个没有约束、没有政府、没有权威的地方。有人模仿美国的独立宣言的声音在互联网上发表电子计算机空间的《独立宣言》，其中有一段话：“我们正在创造一个任何人都可以进入的世界，而没有种族、经济权利、军事力量和出生形成的特权和偏见。我们正在创造一个世界，任何人在任何地点都可以表达他的信仰，不必害怕被强制保持沉默或保持一致。你们的关于财产、表达、身份、迁移和范围的法律概念并不适合于我们。它们建立在物质的基础上，而这里没有物质。”严格地说，这种自由观带有浓浓的乌托邦色彩，绝对的自由只会存在于想象的空间里。尽管网络的离散结构提供了网络行为的极大自由度，但是这种自由

① 胡传胜. 自由的幻像：伯林自由思想研究［M］. 南京：南京大学出版社，2001：87-91.

② ［英］泽格蒙特•鲍曼. 自由［M］. 杨光，蒋焕新，译. 长春：吉林人民出版社，2005.

也不会离开现实的制约的，况且这种自由还引起了众多的社会问题。比如言论自由是网民要大力维护的权利，但是言论的失实该追究谁的责任？某个人通过某个网站或BBS传播了侵权或违法的信息，那么网站业者或BBS站长应承担什么样的责任？是过错的责任还是无过错的责任？如是过错责任，在什么情况下才算其有过错呢？诸如此类的问题使得网络自由开始变质，于是在网络这个杂糅的世界，“每一种潜在的价值都变成了它自己的阴暗面；自由成了种种恶习和折磨他人的自由；匿名，成了肆无忌惮的色情电话的匿名；而脱离物质躯体的解放，成了折磨他人虚拟身体的邀请函。当真实世界用各种检查制度和权衡措施把住邪恶之门时，人性中的所有恶魔，却在极短时间内跳到赛博空间里重新开张营业。显然，网络的设计者们忽视了一个简单的事实：自由仅仅存在于某种限制之内，道德仅仅在现实世界中才有意义”①。

自由之失需要责任伦理的匡正，但这种伦理的依据就存在于自由本身。恰如萨特的存在主义认为的那样，自由是人存在方式的本身，自由的存在方式是“为自己”的存在方式。自由是自由的根据、标准和归宿。只有人存在自由意志才谈得上责任问题，如果一个人失去了自由，他的行为可以不负责任。

网络给我们提供了机会，同时也给我们提出了责任要求，正如埃瑟·戴森所说：“网络像任何一个家一样，它有自己的规矩，但单有一定的准则……网络给我们提供了一个掌握自身命运、在地方社区和全球社会中重新定义公民身份的机会。它也把自我治理、自主思考、教育后代、诚实经商以及同其他一起设计我们身份中所应遵循的规则的责任交给了我们。”②

马克斯·韦伯认为，一切以伦理为取向的行动，都可归并为两种准则，其一是责任伦理（ethic of responsibility），其二是信念伦理（ethic of conviction）。信念伦理主张行为归个人而责任归上帝，个人可以拒绝对后果负责；责任伦理认为，一个行为的伦理价值只能在于行为的后果，它要求行动者对后果承担责任，并以后果的善补偿或抵消为达成此后果所使用手段的

① ［美］马克·斯劳卡．大冲突：赛博空间和高科技对现实的威胁［M］．黄锫坚，译．南昌：江西教育出版社，1999：70–71.

② ［美］埃瑟·戴森．2.0版：数字化时代的生活设计［M］．胡泳，范海燕，译．海口：海南出版社，1998：18.

不善或可能产生的副作用。与责任伦理相连的是工具合理性行动，其认识基础是关于“存在是什么”的认识；与信念伦理相连的是价值合理性行动，其认识基础是对“存在应该是什么”的认识。[①] 责任伦理的应有之义就是基于对行为后果的负责，行为的后果只有纳入目的—工具合理性的关系中才能被认识。责任伦理要求在事实认识和价值判断之间保持一贯性原则。

网络世界中建构责任伦理的规约体系要求我们不仅要树立道德的功利观，更要树立道德的权利观和道德的公正观。不仅网络技术专家要承担相应的责任，一般公众和各级管理部门也要各负其责，树立新的网络伦理的理论体系，在此基础上建立新的原则和规范，从而有效地减少网络伦理问题的发生。

（三）伦理体系的确立

网络伦理的理论体系包括道德原则、道德规范和道德运行机制三方面的因素，前两者侧重理论层面，后者侧重实践层面。网络伦理体系建构的正确实施应该坚持理论和实践的结合，不仅应注重宏观的伦理语境方面，而且也应关注微观的伦理机制方面。

1. 网络伦理的原则

道德原则是某种带有普遍性与合理性的原则，也就是说，它不仅在理论上是可能的，而且在现实上也是可行的。作为责任伦理的道德原则，需要具有合理性，即能够被绝大多数人接受并予以实践；还需要具备普遍性，即它是针对绝大多数普通人而设计的。

第一，无害原则。要求任何网络行为对他人、对网络环境至少是无害的，人们不应该用计算机和信息技术给他人造成直接的或间接的损害。这一原则被称为“最低道德标准”，是检验网络行为合理与否的底线。如果说伦理学的语言分为鼓励、允许和禁止三种，而属于鼓励及允许范畴的自主原则与行善原则都无法满足成为最核心的价值原则的先决条件的话，那么最后只有属于禁止范畴的“不伤害”才是唯一符合这一先决条件的道

① 苏国勋．理性化及其限制：韦伯思想引论［M］．上海：上海人民出版社，1988：74–93.

德规则了。正如格特所言，不伤害是基本的、实质性的原则，“可以说是道德的核心”[①]。仅仅无害还不够，还需要对网络有所贡献。

第二，贡献原则。网络是由众多用户的互动形成的，每个人都有责任为它作出最大的贡献，创造出最大限度的利益总量。这是网络用户利益分享的前提，也是网络用户分配权利的根据。利益总量的分配就涉及正义原则。

第三，正义原则。当代伦理学家罗尔斯在《正义论》中强调了作为公平的正义原则。罗尔斯认为，由于每个人都可能在社会中处于最不利的地位，所以人们在行动的时候所遵循的普遍的伦理原则，都是从社会中潜在的最小受惠者的角度出发加以考量的。由此，他得到了两个正义原则：一是每个人对与其他人所拥有的最广泛的基本自由体系相容的类似自由体系都应有一种平等的权利；二是符合正义的社会、经济不平等应当这样安排：A在与正义储蓄原则一致的情况下，适合于最少受惠者的最大利益（缩小差别原则）；B依系于在机会公平平等的条件下职务和地位向所有人开放（机会均等原则）。[②]

其中，第一个原则是理想的正义，第二个原则是事实上的正义；第二个原则中的缩小差别原则体现了各尽所能、按劳分配，机会均等原则体现了按贡献和能力分配。而且，第一个原则优于第二个原则，第二个原则中的缩小差别原则又优于机会均等原则。

正义原则还要求我们密切关注世界各国网络化进程中发展不平衡的问题；关注网络中社会分层问题，即掌握和控制信息群体（knows）与不占有信息群体（knows-nots）之间的公正问题；关注网络资源配置的公正问题；关注不同文化生存的公正问题，即文化的多样性问题。正义的分配一般是通过制度进行的，至于如何才能减少阻力，就需要允许原则。

第四，允许原则。恩格尔哈特认为，允许原则是为解决持有不同道德观的人们之间的道德争议的原则。他指出，在一个俗世的多元化的社会中，涉及他人的行动的权威只能从别人的允许中得来。允许是道德权威

① 甘绍平．论应用伦理学［J］．哲学研究，2001（12）．

② ［美］约翰·罗尔斯．正义论［M］．何怀宏，等，译．北京：中国社会科学出版社，1988：56–57．

的来源，尊重他人的权利是网络共同体可能性的必要条件。在允许原则下，没有这样的允许或同意就没有权威；违背这种权威的行动是应受责备的。[①]没有信息权利人的允许，他人无权擅自使用他所拥有的信息。允许原则对于网络空间的伦理冲突有着独特的优势。“简言之，允许原则为网络伦理的建构提供了商谈机制，是网络伦理可能性的程序保证。”[②]允许原则相当于哈贝马斯所说的“包容他者”，意即既不是把他者囊括到自身当中，也不是把他者拒绝到自身之外。[③]允许原则的前提是承认人的自主性，于是就过渡到自主原则。

第五，自主原则。正如库瑟所言：“我们应当尊重其他人的按照其自己的决断来行动的自由，这并不再是一种程序上的原则，而是一种富有内容的关于‘好生活’的观念，在这种生活中，‘自主性’超出了其他在道德上有意义的考量。”[④]康德的绝对命令的第二个公式完美地体现了自主的原则，它的内容是这样的：我们必须总是把他人作为目的而绝不把他人作为手段来对待。人本身就是值得尊重的目的，不能把人当作得到他人幸福的手段。假如主张为了全体的利益可以牺牲少数的利益，实际上是对个人自主性的侵蚀和破坏。自主原则所体现的伦理态度是在尊重人的前提下尊重人的自我决定权，它要求在信息技术高度发达的情况下，尊重自我与他人的平等价值与尊严，尊重自我与他人的自主权利。例如，当计算机技术被用来侵犯别人的隐私权时，便侵犯了别人的自主权。

2. 网络伦理的规范

网络伦理规范是网民通过互动达成的伦理共识，是为了约束网民在类似情境下的相关网络行为的。现实社会中的各色人员有着不同的文化背景，拥有不同的生活方式和价值观念，这些背景类内容在本质上很难达到统一，易于造成各类网民在行为目标、价值取向、道德评价等方面的分歧

① ［美］恩格尔哈特．生命伦理学的基础［M］．范瑞平，译．长沙：湖南科学技术出版社，1996：11–13.

② 李伦．鼠标下的德性［M］．南昌：江西人民出版社，2002：75.

③ ［德］尤尔根•哈贝马斯．包容他者［M］．曹卫东，译．上海：上海人民出版社，2002：2.

④ 甘绍平．论应用伦理学［J］．哲学研究，2001（12）．

和冲突。作为调适网民行为的道德规范要真正发挥作用，必须要有适用范围的普适性和调节内容的超脱性。

美国的网络技术最发达，相应的伦理规范制定得较早。美国计算机协会（ACM）于1992年10月通过并采用的《伦理与职业行为准则》中提到了一些“基本的道德规则”，包括：为社会和人类的美好生活作出贡献；避免伤害其他人；做到诚实可信；恪守公正并在行为上无歧视；敬重包括版权和专利在内的财产权；对智力财产赋予必要的信用；尊重 其他人的隐私；保守机密。其“特殊的职业责任”包括：努力在职业工作的程序与产品中实现最高的质量、最高的效益和高度的尊严；获得和保持职业技能；了解和尊重现有的与职业工作有关的法律；接受和提出恰当的职业评价；对计算机系统和它们可能引起的危机等方面作出综合的理解和彻底的评估；重视合同、协议和指定的责任。

如著名的美国计算机伦理协会制订了“计算机伦理十诫”：你不应当用计算机去伤害别人；你不应当干扰别人的计算机工作；你不应当偷窥别人的文件；你不应当用计算机进行偷盗；你不应当用计算机作伪证；你不应当使用或拷贝没有付过钱的软件；你不应当未经许可而使用别人的计算机资源；你不应当盗用别人的智力成果；你应当考虑你所编制的程序的社会后果；你应当用深思熟虑和审慎的态度来使用计算机。

美国的BBS管理方法有这样三个步骤：第一，制订张贴规则，供张贴者自律，如警告：张贴者对张贴信息的行为和张贴的内容负全部法律责任；不得伤害他人：不准张贴、转贴和传播任何具有污蔑、诽谤、诋毁、污秽、黄色、辱骂性质的信息，不得骚扰、威胁他人，不得使用冒犯民族和种族的语言；保护个人隐私：不准擅自发布他人的姓名、住址、电话、照片等，不准在网上向18岁以下青少年套取姓名、住址、电话和学校名称等信息；不得宣传违法活动；不准用于商业目的：不准张贴广告和推销产品、有偿服务等；保护知识产权：不准张贴受版权保护的图片、商标和文章；不准重复张贴。第二，网站行使权利，删除违规行为。第三，接受举报，制止违规行为。这里包含了道德伦理发挥的社会规范作用。

前两类规范伦理意味浓，涉及具体的上网行为以及计算机领域的职业伦理内容，同时也是我们关注的中心。最后一类规范实际上是具体的上网礼仪，伦理意味较弱，但也是不可忽视的。

3．网络伦理的运行机制

网络伦理的运行机制解决的是网络伦理原则和规范的实际运行过程和效果问题，尤其是注重根据运行效果的反馈不断修正运行的条件以及过程。具体而言，网络伦理的运行机制包括网络准入机制、网络评价机制和网络奖惩机制，其间还夹杂着网络机制运行的主体以及运行的环境等因素。

（1）网络伦理准入机制。网络准入机制的作用是使网络用户获得进入网络的一些基本的指导性规则，以便在进入网络后切身实践和体会。首先要有获得网络主体资格的要件标准。进入网络须具备相应的资格，应将加入网络规定为一种资格。为获此资格，行为主体必须先行付出相应代价和作出遵守相应规范的承诺。尤其是对于未成年人的上网规定更应该加以细化，一些经营性的网吧应该指导未成年人上网的具体行为，父母作为监护人也应该负起指导孩子上网的义务。其次是网络准入资格的审定条件应该切实可行，既有操作性，又具备一定的弹性。既不应该加大难度，使得有资格上网的人员数量极少，不符合网络平民主义的价值取向；也不应该减小难度，使得任何人都可以上网。难点就是如何把握好准入的“度”。

（2）网络伦理评价机制。网络评价从横向来说包括自我评价和社群评价；从纵向来说包括网络进入前的动机评价、网络进入中的行为评价以及网络进入后的效果评价。网络评价的作用就是把握网络用户实施网络伦理原则和规范的效果，依据一定的伦理规范来比照相应的网络行为的伦理性，判断一定的网络行为是否符合伦理规范以及在多大程度上符合。

这里面的关键因素有二：一是作为前提的伦理评价规则本身的建立，需要网络群体的全力参与。只有这样，规则才有可能得到网络社群成员的拥护，才能得到成员的切实执行。二是规则的实施要有弹性，具备不断改进的空间。每个网络成员在应用过程中可以自由地提出自己的意见，使得网络评价理论更加合理化和人性化。只有这种“为自己”的规则才能在实践中不断得到改善和发展。

（3）网络伦理奖惩机制。它是指通过相应的技术和伦理手段对网络评价后定性的网络行为的相应回馈。其包括以下六方面：

一是禁止。即网络社群的技术管理人员对恶性的反伦理行为者实施清除记录的责罚，消除其建构的虚拟身份记录和虚拟物的数据，迫使其“销声匿迹”。当然，违规者可以更换身份“卷土重来”。

二是过滤。建议所有的成员拒不理会严重违规者的言行，如拒收电子邮件等。当然，网络社群的成员可以依据自己的喜好决定是否排斥某些行为。例如，在MUDs中，虚拟角色既可以选择不会被其他角色谋杀，也可以作相反的选择。

三是暂时拒斥。对于一些违规者，可以通过技术措施令其在一段时间内无法参与到网络社群活动中。

四是羞辱。在网络社群的公共领域中对违规者进行示众和羞辱。

五是制订更高的准入标准。为了防止混乱，有些社群采取严格控制总人数的办法，如要求新会员必须有老会员介绍；有些则对会员的能力提出了要求。

六是通过身份注册提高可信度。有的社群要求注册者只能注册一个账号，有的还要求填写真实姓名和电话。①

网络运行机制还涉及网络运行的权力归属问题，如谁来制订准入资格条件、谁来进行评价以及谁来执行奖惩等，这已不是网络伦理自身就能解决的问题，这里面牵涉到复杂的经济、政治以及文化等各方面的因素，只能寄希望于各领域和各学科的学者共同努力来认识和解决。

总之，网络伦理是网络行为最终的价值依归，网络行为离不开网络伦理的指导，网络伦理正是为解决网络行为中的负面影响问题而出现的；网络伦理也离不开网络行为的依托，网络伦理最终要落脚到网络行为中去。网络伦理和网络行为二者之间须进行良性的互动，一来不断促进网络行为的良性运行；二来不断促进网络伦理的长远发展。

① 曾国屏，等 . 赛博空间的哲学探索［M］. 北京：清华大学出版社，2002：185–186.

结语

每一次科技革命都衍生出一个新的时代，都加快了人类社会发展的速度，并以加速度的方式促进了人类文明的跃迁和飞升，人类文明发展史真实地记载了推动社会进步的技术变迁的过程。技术的发明和应用是为人类的生存质量的提高和文明的进步而不断前进的，随着技术质和量的提升，技术应用的时滞期限会越来越短，其影响会在尽可能短的时间内发挥到难以置信的地步。

网络技术的出现极大促进了社会各个层面的发展。网络的兴起预示着信息化时代的来临。网络是科技发展达到一定阶段的产物，是人类文明进步的成果。网络的出现对人类社会各个领域的影响是深远的，它不仅改变了长期以来我们既有的社会经济运行结构和政治运作方式，更重要的是改变了我们的价值观念、生产方式、工作方式、生活方式和竞争对抗方式，并以此形成了全新的社会生活空间——网络空间。

网络就其外在技术层面而言，它作为人类活动的工具本身并不具备价值倾向性；但是就其传递的信息内容而言，它影响着人们满足利益需要的方式和方向，又具有相当的政治性、阶级性和文化意识形态性。所以，我们为了赶上科技发展的最新潮流，掌握最新的科技成果，应该利用网络技术为我们的社会生活服务。网络的应用可以给我们带来各种不同的经济、政治利益，人们的网络利益和网络技术之间形成一种互相倚重、互相促进的技术的以及社会经济、政治的螺旋。网络技术越能满足我们的利益需要，我们就越有发展网络技术的动力，从而网络技术的发展就越先进。

马克思曾经期望人类历史从自然史进展到人类史，即从自在自发的历史演变进展到自由自觉地创造自己的历史，网络技术的发展为实现这一历史进化方式的转变提供了合适的平台。网络的发展回应了人的发展这个现代文明的崇高主题，促进了人素质的提高和主体地位的跃升，改进了人类的交往方式，激发了人类的创新潜能，提高了人类的活动效率，达成了异质文明之间的交流和对话。

在对网络积极效应顶礼膜拜的同时，我们也要看到网络技术和网络文明的发展在一定程度上的非同步性：网络技术的发展是飞速前进的，但是网络的应用却呈现出非文明化的倾向。在能不能利用网络的问题上，我们的回答是肯定的；但在如何利用网络的问题上面，我们的回答是辩证的：扬长避短。人类文明中的任何一种技术都是一把双刃剑，技术带给人类的强大力量，不仅会改变自然，而且会改变自己。网络技术的应用既能给人们的社会生活带来积极的正面作用，也会带来消极的负面影响。这就需要我们从伦理道德的价值层面去关注网络的具体应用的过程及其效果，根据网络技术应用的正负影响来制定相应的伦理原则和规范，以克服网络应用的非文明倾向。

由于网络的发展非常迅速，其带来的许多社会影响还未真正展开到极致，由此带来的问题和解答也是开放性的。那么，网络到底能给人类自身带来什么？人类是否有能力掌握它而不被它异化？它将要把人类文明推向何处？由于矛盾的发展还未充分展开，所以人们对相关问题的思考也是进行时、逐步深化的。迈克尔·海姆说，人们在虚拟世界中的经验可能反衬出真实的世界，虚拟世界给了我们一个可能进行哲学式反思的地方，“最终的虚拟实在是一种哲学体验”。[①]

网络文明建设是项社会系统工程，不是一蹴而就的。要做到“文明上网、文明建网、文明网络”的近期目标，需要各种社会条件的协调和配合，这些条件从总体上说可分为两大层面：社会宏观层面和个体微观层面。前者侧重制度性的规范调控和监督，需要诸如网络法律、网络伦理、网络政治等各个视域的关切和合作；后者侧重个体性的素质提高和完善，需要诸如信息知识、政治素养、道德修养等各种素质的培养和塑造。近期目标的达成为远期前景的迈进奠定坚实的基础，我们终将实现“网人共生”的网络理想，“在我们看来，在如何正确看待和处理‘网与人’的关系从而以之为基础去开启人类未来生存方式之前景时，秉持一种‘共生’的理想和实践，或许将是我们的一

① ［美］迈克尔·海姆．从界面到网络空间：虚拟实在的形而上学［M］．金吾伦，刘钢，译．上海：上海科技教育出版社，2000：142.

种较为合理而明智的选择……我们也就完全可以相信，人类生存方式的前景，必将在一种人性化的计算机网络和计算机网络的人性化的互动过程中得到实现”[①]。

① 冯鹏志．伸延的世界：网络化及其限制［M］．北京：北京出版社，1999：305–306.

参考文献

A

[1] [美]阿尔温·托夫勒.权力的变移[M].周敦仁，等，译.成都：四川人民出版社，1991.

[2] [美]埃瑟·戴森.2.0版：数字化时代的生活设计[M].胡泳，范海燕，译.海口：海南出版社，1998.

[3] [美]阿拉斯代尔·麦金太尔.谁之正义？何种合理性？[M].万俊人，等，译.北京：当代中国出版社，1996.

[4] [美]阿拉斯代尔·麦金太尔.德性之后[M].龚群，戴扬毅，译.北京：中国社会科学出版社，1995.

[5] [美]安妮·利尔.网络的未来[M].岳云霞，等，译.北京：中信出版社，2002.

[6] [英]安东尼·吉登斯.现代性的后果[M].田禾，译.南京：译林出版社，2000.

[7] [英]安东尼·吉登斯.社会的结构[M].李康，李猛，译.北京：生活·读书·新知三联书店，1998.

[8] [美]爱德华·特纳.技术的报复：墨菲法则和事与愿违[M].徐俊培，等，译.上海：上海科技教育出版社，1999.

B

[1] [美]比尔·盖茨.未来之路[M].辜正坤，等，译.北京：北京大学出版社，1996.

[2] [美]保罗·莱文森.软边缘：信息革命的历史与未来[M].熊澄宇，译.北京：清华大学出版社，2002.

[3] [法]鲍德里亚.消费社会[M].刘成富，全志钢，译.南京：南京大学出版社，2000.

[4] [美]保罗·莱文森.数字麦克卢汉[M].何道宽，译.北京：社会科学文献出版社，2001.

[5] 鲍宗豪.网络与当代社会文化[M].上海：上海三联书店，2001.

[6] 鲍宗豪.数字化与人文精神[M].上海：上海三联书店，2003.

[7] 鲍宗豪.网络伦理[M].郑州：河南人民出版社，2002.

[8] 卜卫.媒介与性别[M].南京：江苏人民出版社，2001.

[9] 包利民，M.斯戴克豪思.现代性价值辩证论[M].上海：学林出版社，2000.

C

[1] [日]川崎修.阿伦特：公共性的复权[M].斯日，译.石家庄：河北教育出版社，2002.

[2] [美]查克·马丁.网络革命：P2P[M].胡琛，沙东健，译.上海：上海远东出版社，2000.

[3] [英]C.P.斯诺.两种文化[M].纪树立，译.北京：生活·读书·新知三联书店，1994.

[4] 陈志良.虚拟：哲学必须面对的课题[N].光明日报，2000-01-18.

D

[1] [美]戴维·申克.信息烟尘[M].黄锫坚,朱付元,何芷江,译.南昌：江西教育出版社，2001.

[2] [美]丹·希勒.数字资本主义[M].杨立平,译.南昌：江西人民出版社，2001.

[3] [美]邓宁,麦特卡菲.超越计算[M].冯艺东，译.保定：河北大学出版社，1998.

[4] [法]德里达.论文字学[M].汪克家，译.上海：上海译文出版社，1999.

[5] [英]蒂姆·伯纳斯-李，等.编织万维网：万维网之父谈万维网的原初设计与最终命运[M].张宇，萧风，译.上海：上海译文出版社，1999.

[6] [美]道格拉斯·霍姆斯.电子政务[M].詹俊峰，李怀璋，曹

济，译.北京：机械工业出版社，2003.

［7］［美］戴维·波普诺.社会学［M］.李强，译.北京：中国人民大学出版社，1999.

［8］［英］戴维·冈特利特.网络研究：数字化时代媒介研究的重新定向［M］.彭兰，等，译.北京：新华出版社，2004.

［9］［日］大滓德行，藤川吉美，内田穜臣.电脑时代的理性：新时代的哲学［M］.李树琦，等，译.北京：中国社会科学出版社，1998.

［10］董焱.信息文化论：数字化生存状态冷思考［M］.北京：北京图书馆出版社，2003.

［11］邓晓芒.灵之舞：中西人格的表演性［M］.北京：东方出版社，1995.

［12］代天宇.网络社会：点与线的生存［M］.北京：科学普及出版社，1999.

E

［1］［德］恩斯特·卡西尔.人论：人类文化哲学导引［M］.甘阳，译.上海：上海译文出版社，1986.

［2］［荷］E·舒尔曼.科技文明与人类未来：在哲学深层的挑战［M］.李小兵，谢京生，张锋，等，译.北京：东方出版社，1995.

F

［1］［法］凡尔纳·斯蒂格勒.技术与时间：爱比米修斯的过失［M］.裴程，译.南京：译林出版社，2000.

［2］冯鹏志.伸延的世界：网络化及其限制［M］.北京：北京出版社，1999.

［3］冯建伟.信息新论［M］.北京：新华出版社，2001.

［4］［德］斐迪南·腾尼斯.共同体与社会［M］.林容远，译.北京：商务印书馆，1999.

［5］方益波.网络之音：信息世界疆域的终结者［M］.上海：世界图书出版上海有限公司，2001.

［6］方兴东.喧哗与骚动：IT业随笔［M］.北京：海洋出版社，1999.

［7］方兴东.数字神坛：计算机业批判［M］.北京：海洋出版社，1999.

G

［1］龚群.道德乌托邦的重构：哈贝马斯交往伦理思想研究［M］.北京：商务印书馆，2003.

［2］龚群.当代西方道义论与功利主义研究［M］.北京：中国人民大学出版社，2002.

［3］郭良.网络创世纪：从阿帕网到互联网［M］.北京：中国人民大学出版社，1998.

［4］［德］冈特·绍伊博尔德.海德格尔分析新时代的技术［M］.宋祖良，译.北京：中国社会科学出版社，1993.

［5］谷衍奎.汉字源流字典［M］.北京：华夏出版社，2003.

［6］戈登·帕斯克，苏珊·卡冉.电脑、信息与人类［M］.吴铁华，沈祖梁，译.北京：中国展望出版社，1987.

H

［1］［德］海德格尔.存在与时间［M］.陈嘉映，等，译.北京：生活·读书·新知三联书店，1999.

［2］［德］黑格尔.法哲学原理［M］.张企泰，等，译.北京：商务印书馆，1961.

［3］［德］黑格尔.小逻辑［M］.第2版.贺麟，译.北京：商务印书馆，1980.

［4］黄顺基.信息革命在中国［M］.北京：中国人民大学出版社，1998.

［5］［英］哈耶克.自由秩序原理［M］.邓正来，译.北京：生活·读书·新知三联书店，1997.

［6］胡传胜.自由的幻像：伯林自由思想研究［M］.南京：南京大学出版社，2001.

[7] 胡心智，陈雷，王恒桓.信息哲学：e时代的感悟[M].北京：军事科学出版社，2003.

[8] 胡泳，范海燕.网络为王[M].海口：海南出版社，1997.

[9] 胡泳，范海燕.黑客：电脑时代的牛仔[M].北京：中国人民大学出版社，1997.

[10] 黄磊，郑建华，袁京蓉，等.网络经济及其发展安全[M].北京：经济管理出版社，2001.

[11] 黄宗捷.网络经济[M].北京：中国财政经济出版社，2001.

J

[1] 居延安.信息·沟通·传播[M].上海：上海人民出版社，1986.

[2] 金哲，陈燮君.流逝的人生：时间学新探[M].武汉：湖北人民出版社，1987.

[3] [美]杰克·D.道格拉斯，等.越轨社会学概论[M].朱欣民，等，译.石家庄：河北人民出版社，1987.

[4] 江堤.跨越三百年的自卑[M].长沙：湖南大学出版社，2000.

[5] [美]杰拉耳德·霍耳顿.科学与反科学[M].范岱年，等，译.南昌：江西教育出版社，1999.

[6] [美]金伯利·S.扬.网虫综合征：网瘾的症状与康复策略[M].毛英明，毛巧明，译.上海：上海译文出版社，2000.

[7] 姜奇平.21世纪网络生存术[M].北京：中国人民大学出版社，1997.

[8] [美]J·T.基德.计算机之魂[M].周海昌，译.北京：科学技术文献出版社，1988.

[9] 金吾伦.塑造未来：信息高速公路通向新社会[M].武汉：武汉出版社，1998.

K

[1] [美]凯斯·桑斯坦.网络共和国：网络社会中的民主问题[M].黄维明，译.上海：上海人民出版社，2003.

[2] [美]凯文·凯利.网络经济的十种策略[M].萧华敬，任平，译.广州：广州出版社，2000.

[3] [美]库恩.科学革命的结构[M].金吾伦，胡新和，译.北京：北京大学出版社，2003.

[4] [美]卡尔·米切姆.技术哲学概论[M].殷登祥，等，译.天津：天津科学出版社，1999.

[5] [德]康德.纯粹理性批判[M].蓝公武，译.北京：商务印书馆，1997.

[6] [德]康德.道德形而上学原理[M].苗力田，译.上海：上海人民出版社，1986.

[7] [美]卡尔·夏皮罗，哈尔·瓦里安.信息规则：网络经济的策略指导[M].张帆，译.北京：中国人民大学出版社，2000.

[8] [美]KARLA SHELTON，TODD MCNEELEY.虚拟社会[M].前导工作室，译.北京：中国水利水电出版社，1998.

L

[1] 刘嘉.网络信息资源的组织[M].北京：北京图书馆出版社，2002.

[2] 刘昭东，宋振峰.信息与信息化社会[M].北京：科学技术文献出版社，1994.

[3] [美]罗伯特·鲍柯克，[美]肯尼思·汤普森.宗教与意识形态[M].龚方震，译.成都：四川人民出版社，1992.

[4] [美]雷·海蒙德.数字化商业[M].周东，等，译.北京：中国计划出版社，1998.

[5] 李河.得乐园·失乐园：网络与文明的传说[M].北京：中国人民大学出版社，1997.

[6] 刘晋.谁使唤谁：漫谈人机界面[M].北京：清华大学出版社，2001.

[7] 陆群，敬革，玉梅.网络中国[M].北京：兵器工业出版社，1997.

[8] 刘吉，金吾伦，等.千年警醒：信息化与知识经济[M].北京：社会科学文献出版社，1998.

[9] 林斌.虚拟中的身体与现实[M].北京：北京广播学院出版社，2001.

[10] [美]莱斯特·瑟罗.资本主义的未来[M].周晓钟，译.北京：中国社会科学出版社，1998.

[11] [美]刘易斯·A.科瑟.社会学思想名家[M].石人，译.北京：中国社会科学出版社，1990.

[12] 陆俊.重建巴比塔：文化视野中的网络[M].北京：北京出版社，1999.

[13] [美]理查德·A.斯皮内洛.世纪道德：信息技术的伦理方面[M].刘钢，译.北京：中央编译出版社，1999.

[14] 李伦.鼠标下的德性[M].南昌：江西人民出版社，2002.

[15] 吕本富，张鹏.77种网络经济创新模式[M].沈阳：辽宁人民出版社，2000.

[16] 吕耀怀.信息伦理学[M].长沙：中南大学出版社，2002.

[17] 李衍达.信息世界漫谈[M].北京：清华大学出版社，2000.

[18] [美]劳拉·昆兰蒂罗.赛博犯罪：如何防范计算机犯罪[M].王涌，译.南昌：江西教育出版社，1999.

[19] 吕延杰.网络经济与电子商务[M].北京：北京邮电大学出版社，1999.

[20] 刘树秀.信息霍乱：世纪末的冷面杀手[M].北京：世界知识出版社，1999.

[21] 黎鸣.信息时代的哲学思考[M].北京：中国展望出版社，1987.

[22] 刘大椿.科学哲学通论[M].北京：中国人民大学出版社，1998.

[23] 刘连芳，等.超文本/超媒体技术[M].北京：国防工业出版社，1998.

[24] 李阳，竹本.电脑家族[M].北京：中国和平出版社，1995.

[25] 吕本富.通向未来的信息高速公路[M].北京：北京大学出版社，1995.

M

[1] 马克思，恩格斯.马克思恩格斯选集[M].（第1~4卷）.北京：人民出版社，1995.

[2] 马克思，恩格斯.马克思恩格斯全集[M].（第1~55卷）.北京：人民出版社，2006.

[3] [德] 马克思.1844年经济学哲学手稿[M].刘丕坤，译.北京：人民出版社，1985.

[4] [美] 曼纽尔·卡斯特.网络社会的崛起[M].夏铸九，王志弘，等，译.北京：社会科学文献出版社，2001.

[5] [美] 曼纽尔·卡斯特.认同的力量[M].夏铸九，黄丽玲，等，译.北京：社会科学文献出版社，2003.

[6] [美] 曼纽尔·卡斯特.千年终结[M].夏铸九，黄慧琦，等，译.北京：社会科学文献出版社，2003.

[7] [美] 马克·斯劳卡.大冲突：赛博空间和高科技对现实的威胁[M].黄锫坚，等，译.南昌：江西教育出版社，1999.

[8] 缪淮扣.计算机的灵魂[M].北京：清华大学出版社，2001.

[9] [美] 马克·波斯特.信息方式：后结构主义与社会语境[M].范静哗，译.北京：商务印书馆，2001.

[10] [美] 马克·波斯特.第二媒介时代[M].范静哗，译.南京：南京大学出版社，2001.

[11] [美] 迈克尔·海姆.从界面到网络空间：虚拟实在的形而上学[M].金吾伦，刘钢，译.上海：上海科技教育出版社，2000.

[12] [英] 迈克尔·欧克肖特.政治中的理性主义[M].张汝伦，译.上海：上海译文出版社，2003.

[13] [加] 马歇尔·麦克卢汉.人的延伸：媒介通论[M].何道宽，译.成都：四川人民出版社，1992.

［14］孟建，祁林.网络文化论纲［M］.北京：新华出版社，2002.

［15］［美］马克·斯劳卡.大冲突：赛博空间和高科技对现实的威胁［M］.黄锫坚，译.南昌：江西教育出版社，1999.

［16］［美］米德.心灵、自我与社会［M］.霍桂桓，译.北京：华夏出版社，1999.

［17］［美］迈克尔·曼德尔.即将到来的互联网大萧条［M］.李斯，李燕鸿，译.北京：光明日报出版社，2001.

［18］［美］MICHAEL A. BANKS.网络攻击与恶作剧［M］.前导工作室，译.北京：中国水利水电出版社，1998.

［19］梅绍祖.网络与隐私［M］.北京：清华大学出版社，2003.

［20］［美］迈克尔·德图佐斯.未来的社会：信息新世界展望［M］.周昌忠，译.上海：上海译文出版社，1998.

N

［1］倪梁康.自识与反思［M］.北京：商务印书馆，2002.

［2］［美］尼葛洛庞帝.数字化生存［M］.胡泳，范海燕，译.海口：海南出版社，1997.

［3］［美］N.维纳.控制论［M］.郝季仁，译.北京：京华出版社，2000.

［4］南帆.双重视域：当代电子文化分析［M］.南京：江苏人民出版社，2001.

O

欧文·戈夫曼.日常生活中的自我呈现［M］.黄爱华，冯钢，译.杭州：浙江人民出版社，1989.

P

［美］派卡·海曼.黑客伦理与信息时代精神［M］.李伦，魏静，唐一之，译.北京：中信出版社，2002.

Q

[1] 乔瑞金.马克思技术哲学纲要[M].北京：人民出版社，2002.

[2] 乔岗.网络化生存[M].北京：中国城市出版社，1997.

[3] [美]乔·萨托利.民主新论[M].冯克利，阎克文，译.北京：东方出版社，1998.

[4] [英]齐格蒙特·鲍曼.共同体[M].欧阳景根，译.南京：江苏人民出版社，2003.

[5] [英]齐格蒙特·鲍曼.后现代伦理学[M].张成岗，译.南京：江苏人民出版社，2003.

[6] [英]齐格蒙特·鲍曼.生活在碎片之中:后现代道德[M].郁建兴，周俊，周莹，译.上海：学林出版社，2002.

R

[1] [法]让-马克·夸克.合法性与政治[M].佟心平，王远飞，译.北京：中央编译出版社，2002.

[2] [法]让-弗朗索瓦·利奥塔.后现代状况：关于知识的报告[M].岛子，译.长沙：湖南美术出版社，1996.

[3] [法]让·博德里亚尔.完美的罪行[M].王为民，译.北京：商务印书馆，2000.

S

[1] 石光.人与世界的沟通：信息科学简介[M].武汉：湖北人民出版社，1987.

[2] 苏国勋.理性化及其限制：韦伯思想引论[M].上海：上海人民出版社，1988.

[3] [美]施拉姆，等.传播学概论[M].陈亮，等，译.北京：新华出版社，1984 .

[4] [法]塞奇·莫斯科维奇.群氓的时代[M].许列民，薛丹云，李

继红，译.南京：江苏人民出版社，2003.

［5］桑玉成.利益分化的政治时代［M］.上海：学林出版社，2002.

［6］孙伟平.猫与耗子的新游戏：网络犯罪及其治理［M］.北京：北京出版社，1999.

［7］盛培德.网络神话［M］.广州：广东经济出版社，2001.

［8］宋德生.信息革命的技术源流［M］.成都：四川人民出版社，1986.

［9］［英］斯蒂芬·博丁顿.计算机与社会主义［M］.杨孝敏，张明华，仲维畅，译.北京：华夏出版社，1989.

T

［1］［美］唐·泰普斯科特，阿特·卡斯顿.范式的转变：信息技术的前景［M］.米克斯，译.大连：东北财经大学出版社，1999.

［2］［美］唐·泰普斯科特.数字化成长：网络世代的崛起［M］.陈晓开，袁世佩，译.大连：东北财经大学出版社，1999.

［3］［美］唐·泰普斯科特.泰普斯科特预言［M］.卓秀娟，陈佳伶，译.北京：时事出版社，1997.

［4］唐代兴.利益伦理［M］.北京：北京大学出版社，2002.

W

［1］王伟光.利益论［M］.北京：人民出版社，2001.

［2］王小东.信息时代的世界地图［M］.北京：中国人民大学出版社，1997.

［3］汪丁丁.自由人的自由联合［M］.厦门：鹭江出版社，2000.

［4］吴伯凡.孤独的狂欢：数字时代的交往［M］.北京：中国人民大学出版社，1998.

［5］邬焜.信息哲学：一种新的时代精神［M］.西安：陕西师范大学出版社，1989.

［6］王长友，等.知识·经济·生存［M］.北京：中国建材工业出版社，1998.

[7] 汪成为，等.灵境（虚拟现实）技术的理论、实现及应用[M].北京：清华大学出版社，1996.

[8] 王治河.福柯[M].长沙：湖南教育出版社，1999.

[9] 汪民安，陈永国.后身体：文化、权力和生命政治学[M].长春：吉林人民出版社，2003.

[10] 吴伯凡.孤独的狂欢：数字时代的交往[M].北京：中国人民大学出版社，1998.

[11] 王逢孙.网络幽灵[M].天津：天津社会科学院出版社，2000.

[12] 王前.现代技术的哲学反思[M].沈阳：辽宁人民出版社，2003.

[13] [意]维柯.新科学[M].朱光潜，译.北京：人民文学出版社，1987.

[14] 汪民安，陈永国，马海良.后现代性的哲学话语：从福柯到赛义德[M].杭州：浙江人民出版社，2000.

[15] 王水雄.结构博弈：互联网导致社会扁平化的剖析[M].北京：华夏出版社，2003.

[16] 王德禄.虚拟制造：信息时代的制造模式[M].南宁：广西人民出版社，2002.

[17] 温世仁.漫话媒体的未来[M].北京：生活·读书·新知三联书店，1999.

[18] [美]威廉·J.米切尔.比特之城[M].范海燕，胡泳，译.北京：生活·读书·新知三联书店，1999.

X

[1] 肖峰.科学精神和人文精神[M].北京：中国人民大学出版社，1994.

[2] 徐嵩龄.环境伦理学进展：评论与阐释[M].北京：社会科学文献出版社，1999.

[3] 熊澄宇.信息社会4.0[M].长沙：湖南人民出版社，2002.

[4] [美]西奥多·罗斯扎克.信息崇拜：计算机神话与真正的思维艺

术［M］.苗华健，陈体仁，译.北京：中国对外翻译出版公司，1994.

［5］［法］西蒙娜·德·波伏娃.第二性［M］.陶铁柱，译.北京：中国书籍出版社，1998.

［6］薛华.哈贝马斯的商谈伦理学［M］.沈阳：辽宁教育出版社，1988.

［7］肖巍.女性主义伦理学［M］.成都：四川人民出版社，2000.

［8］徐少锦.科技伦理学［M］.上海：上海人民出版社，1989.

［9］王海明.公正平等人道：社会治理的道德原则体系［M］.北京：北京大学出版社，2000.

Y

［1］［美］约翰·奈斯比特.大趋势［M］.梅艳，译.北京：中国社会科学出版社，1984.

［2］［美］约翰·奈斯比特，等.高科技高思维［M］.尹萍，译.北京：新华出版社，2000.

［3］杨培芳.信息与我们［M］.上海：上海科技教育出版社，1995.

［4］余涌.道德权利研究［M］.北京：中央编译出版社，2001.

［5］杨国荣.伦理与存在：道德哲学研究［M］.上海：上海人民出版社，2002.

［6］俞嘉惠.网络啊，网络！［M］.北京：清华大学出版社，2001.

［7］严耕，陆俊，等.网络伦理［M］.北京：北京出版社，1998.

［8］严峰，卜卫.生活在网络中［M］.北京：中国人民大学出版社，1997.

［9］［美］约翰·希利·布朗，保罗·杜奎德.信息的社会层面［M］.王铁生，葛立成，译.北京：商务印书馆，2003.

［10］［奥］约翰·L.卡斯蒂.虚实世界：计算机仿真如何改变科学的疆域［M］.王千祥，权利宁，等，译.上海：上海科技教育出版社，1998.

［11］严耕，陆俊.网终悖价［M］.北京：国防科技大学出版社，1998.

［12］［英］约翰·基恩.媒体与民主［M］.刘士军，译.北京：社会科

学文献出版社，2003.

[13] [美]约翰·罗尔斯.正义论[M]. 何怀宏，等，译.北京：中国社会科学出版社，1988.

[14] [美]约瑟夫·弗莱彻.境遇伦理学[M].程立显，译.北京：中国社会科学出版社，1989.

[15] [古希腊]亚里士多德.尼各马科伦理学[M].苗力田，译.北京：中国社会科学出版社，1990.

[16] 余灵灵.哈贝马斯传[M].石家庄：河北人民出版社，1998.

[17] 俞可平.社群主义[M].北京：中国社会科学出版社，1998.

[18] 俞可平.权利政治与公益政治[M].北京：社会科学文献出版社，2000.

[19] [德]尤尔根·哈贝马斯.包容他者[M].曹卫东，译.上海：上海人民出版社，2002.

[20] 陈学明，吴松，远东.哈贝马斯论交往[M].昆明：云南人民出版社，1988.

[21] [德] 尤尔根·哈贝马斯.作为“意识形态”的技术与科学[M].郭黎，译.上海：学林出版社，1999.

[22] [加]约翰·索普.信息悖论：信息技术的商业利益[M].陈劲，等，译.大连：东北财经大学出版社，1999.

[23] 袁道之，白莉.网络，席卷全球的风暴[M].北京：经济日报出版社，1997.

[24] 叶平，罗治馨.互联网络传奇[M].天津：天津教育出版社，2001.

[25] [英]约翰·诺顿.互联网：从神话到现实[M].朱萍，茅庆征，张雅珍，译.南京：江苏人民出版社，2001.

[26] 余谋昌.高科技挑战道德[M].天津：天津科学技术出版社，2000.

Z

［1］曾国屏，等.赛博空间的哲学探索［M］.北京：清华大学出版社，2002.

［2］张华夏.现代科学与伦理世界：道德哲学的探索与反思［M］.长沙：湖南教育出版社，1999.

［3］张震.网络时代伦理［M］.成都：四川人民出版社，2002.

［4］张新华.信息安全：威胁与战略［M］.上海人民出版社，2003.

［5］周卓伦.生活于数字化之中［M］.北京：清华大学出版社，2001.

［6］张庆熊.熊十力的新唯识论与胡塞尔的现象学［M］.上海：上海人民出版社，1995.

［7］张怡，郦全民，陈敬全.虚拟认识论［M］.上海：学林出版社，2003.

［8］赵敦华.现代西方哲学新编［M］.北京：北京大学出版社，2000.

［9］［日］猪口孝，［英］爱德华·纽曼，［美］约翰·基恩.变动中的民主［M］.林猛，等，译.长春：吉林人民出版社，1999.

［10］周辅成.西方伦理学名著选辑：上卷［M］.北京：商务印书馆，1987.

［11］周辅成.西方伦理学名著选辑：下卷［M］.北京：商务印书馆，1987.

［12］郑也夫.信任：合作关系的建立与破坏［M］.北京：中国城市出版社，2003.

［13］张奇志，谢春雷.新刺客：网络时代的黑客［M］.上海：上海世界图书出版公司，2001.

［14］中国科技促进发展研究中心.信息化：历史的使命［M］.北京：电子工业出版社，1987.

［15］周晓明.人类交流与传播［M］.上海：上海文艺出版社，1990.

［16］［日］正村公宏.网络形成与信息化社会的课题［J］.现代外国哲学社会科学文摘，1987（7）.

后　记

自从偶入寄身谋生的工科院校以来，人已为单位人，心近乎边缘态，不见樱红绿蕉，也自是荒废时日。回味过往，闲散与封闭的心境中纠缠着的性格、际遇以及情感故事，打上了深深的焦虑、伤感和无奈的烙印。生活中走了来、来了走的是经历，走不出、忘不掉的是情绪。从此以后，山高水长、感慨彷徨。

时光荏苒，流年飞逝，回首过去，百感交集。年年岁岁花相似，岁岁年年人不同。人每前进一步，都会回顾自己的历史，展望未来。读博士的三年，是我青春岁月中浓墨重彩的一笔，也是我生命中不会再有的唯一体验。三年，似乎很长又很短，它可以拉成一千多个日日夜夜的物理时间，也可以压缩成须臾之一瞬的心理时间。想往日，快乐着自己的快乐，悲伤着自己的悲伤，所有的平淡日子都因情绪而染上玫瑰般的色彩，所有的不快都让它随风而逝。一言以蔽之：痛并快乐着。

似乎读博士的三年中最终能够作为标识的就是博士论文了，论文尘埃落定之后，舒气之余，殊无太多喜悦之感，因为里面有着无奈中的遗憾，也许论文写作本来就是一门遗憾的艺术，这篇论文算作一个曾经努力过的立此存照吧。是啊，风中没有翅膀的影子，而我已经飞过。真希望它是个路灯，既能照出自己的过去，也能照亮自己的未来，更会照出自己的不足。真希望能有机会稍稍弥补自己的遗憾，让自己更多点希望，更少点伤感。

本想借此出版之机整理文稿，奈何懈怠成习，就此作罢。除了个别文字稍作改动，其余一仍其旧，或许保持旧貌是原谅自己的最好借口。尘封已久的文字重见天日，固当是机缘所致，也是友人玉成之功，自当感谢一众相干之人。

论文凝结着恩师的心血，在此要深深地感谢我的恩师王伟光先生，无论是做学问还是做人，先生都是我的榜样；同时也要感谢郝永平老师、戴木才老师对我的督促和指导，两位先生让我懂得了什么是负责和认真，对此我要表达深深的敬意；感谢韩庆祥老师、冯鹏志老师对论文的细致点拨；感谢陈晏清老师、王南湜老师、李素梅老师、吴彤老师的认真评阅，他们的宝贵意见对论文非常重要；感谢答辩老师黄楠森老师、丰子义老师、杨信礼老师；感谢谢煜童老师的扶助之德。

感谢李明老师为我们创造了一个良好的学习环境；感谢我的同学们给予我友谊的温暖；感谢我的师兄和师弟们。

我深深地怀念我的母亲，挂念我的父亲，愿把我最真挚的祝福送给幽明相隔的二老。

我要谢谢亲爱的妻子金焕玲女士，她的温情和扶持给了我前进的动力。

感谢张祥院长的扶助之德，感谢教务处戴波处长的惠助之恩，感谢初景波兄弟的相助之情，感谢编辑宋宇女士、郭逸亭女士的修订之劳，感谢所有的所有。

所有我爱的人和爱我的人，我无法一一表达自己内心的谢忱。

烦言不叙，永铭我心。

崔子修

2018年7月31日